河北地质大学自然资源资产资本研究中心
地质大学学术著作出版基金（CB2024010）、
技创新与区域经济可持续发展研究基地联合资助

自然资源管理
理论与实践

吴文盛　周吉光　牛晓耕◎编著

ZIRAN ZIYUAN GUANLI

LILUN YU SHIJIAN

中国财经出版传媒集团

经济科学出版社
Economic Science Press

·北京·

图书在版编目（CIP）数据

自然资源管理理论与实践／吴文盛，周吉光，牛晓耕编著．-- 北京：经济科学出版社，2024.11.
ISBN 978-7-5218-6490-8

Ⅰ. F124.5

中国国家版本馆 CIP 数据核字第 2024KE6192 号

责任编辑：李一心
责任校对：杨　海
责任印制：范　艳

自然资源管理理论与实践
吴文盛　周吉光　牛晓耕　编著
经济科学出版社出版、发行　新华书店经销
社址：北京市海淀区阜成路甲 28 号　邮编：100142
总编部电话：010 - 88191217　发行部电话：010 - 88191522
网址：www.esp.com.cn
电子邮箱：esp@esp.com.cn
天猫网店：经济科学出版社旗舰店
网址：http://jjkxcbs.tmall.com
北京季蜂印刷有限公司印装
710×1000　16 开　15.75 印张　212000 字
2024 年 11 月第 1 版　2024 年 11 月第 1 次印刷
ISBN 978 - 7 - 5218 - 6490 - 8　定价：88.00 元
（图书出现印装问题，本社负责调换。电话：010 - 88191545）
（版权所有　侵权必究　打击盗版　举报热线：010 - 88191661
QQ：2242791300　营销中心电话：010 - 88191537
电子邮箱：dbts@esp.com.cn）

前　言

　　山水林田湖草海沙是人类赖以生存的环境，也是人类生产、生活的物质来源，而人类的生产和生活又对山水林田湖草海沙产生影响，人类与生存环境形成命运共同体。为方便起见，本书将人类的生存环境和物质来源划分为土地、矿产、水、森林、草原、湿地、海洋和保护地八种类型自然资源进行分析，其中，湿地、海洋和保护地是多种要素的组合。

　　全书共分成两篇七章，第一篇为理论篇，包括第一～第三章；第二篇实践篇，包括第四～第七章。

　　第一章自然资源概述，分成四节。第一节自然资源分类，按照利用限度、生产要素、空间分布和稳定性四个方面对自然资源进行分类；第二节自然资源特征，从有限性、稀缺性、不平衡性、整体性、可用性五个方面描述自然资源的特征；第三节自然资源功能，从支撑作用、提供生产资料、维持生态平衡三个方面对自然资源功能进行描述；第四节自然资源与人类社会，从自然资源是人类社会的物质基础、自然资源为生物提供生存环境和人类活动对自然环境的影响三个方面讲述自然资源与人类社会关系。

　　第二章自然资源宏观调控理论基础，分成两节。第一节宏观调控理论，从宏观调控的必要性、宏观调控目标、宏观调控内容、政府与市场关系四个方面讲述宏观调控理论；第二节生态文明理论，从生态文明的提出、生态文明的内涵两个方面介绍生态文明理论。

　　第三章自然资源开发监管理论，分成四节。第一节自然资源开发监管概述，从自然资源开发监管的含义、自然资源开发监管机理两个方面进行介绍；第二节自然资源产权理论，从产权、自然资源所有权、自然资源所有权内容三个方面进行介绍；第三节委托代理理论；第四节自然资源监管理论，从自然资源监管的原则、中央政府部门间的分工合作、央地政府间的监管分工、政府对市场的监管四个方面进行阐述。

第四章自然资源状况，分五节。第一节土地资源，从土地资源总体概况、土地资源特点、土地资源结构三个方面进行介绍；第二节矿产资源，从矿产资源特点、能源矿产、金属矿产、非金属矿产、矿产品生产与消费五个方面进行介绍；第三节水资源，从中国水资源特点、水资源量、蓄水状况、供水量与用水量四个方面进行介绍；第四节森林、草原、湿地资源，从森林资源、草地资源、湿地资源三个方面分别进行介绍。第五节是海洋资源。

第五章自然资源宏观调控，分成五节。第一节土地资源宏观调控，从主体功能区战略、国土空间规划两方面进行分析；第二节矿产资源宏观调控，从矿产资源宏观调控概述、多级储备宏观调控政策体系、矿产资源开发利用宏观调控政策体系、矿产资源开发保增长宏观调控政策体系、进出口贸易宏观调控政策体系、矿产资源开发利用宏观调控政策微观化六个方面进行分析；第三节水资源宏观调控，从兴修水利、南水北调工程、水利规划、设立水利委员会四个方面进行分析；第四节森林、草原、湿地资源宏观调控，从植树造林、退耕还林还草工程、天然林保护工程、林长制、林草规划五个方面进行分析；第五节海洋资源宏观调控，从海洋功能区划、海洋环境保护规划、海洋经济发展示范区三个方面进行分析。

第六章自然资源监管，分成五节。第一节土地资源监管，从土地资源监管依据、土地资源监管体制两个方面进行阐述；第二节矿产资源监管，从矿产资源监管依据、矿产资源监管体制两个方面进行论述；第三节水资源监管，从水资源监管依据、水资源监管体制两个方面进行阐述；第四节森林、草原、湿地资源监管，从森林、草原、湿地资源监管依据和森林、草原、湿地监管体制两个方面进行阐述；第五节海洋资源监管，从海洋资源监管依据、海洋资源监管体制两个方面进行阐述。

第七章保护地监管，分成五节。第一节自然保护地监管依据；第二节自然保护地监管体制，从保护地监管机构、保护地监管责任、保护地监管权力三个方面进行阐述；第三节国家公园监管，从国家公园概述、国家公园监管机制两个方面进行阐述；第四节自然保护区监管，从自然保护区概述、自然保护区管理两个方面进行阐述；第五节自然公园监管，从国家级自然公园概述、国家级自然公园的管理两个方面进行阐述。

目　　录

第一篇　理　论　篇

第一章　自然资源概述 // 3

　第一节　自然资源分类 // 3

　第二节　自然资源特征 // 9

　第三节　自然资源功能 // 10

　第四节　自然资源与人类社会 // 11

第二章　自然资源宏观调控理论基础 // 17

　第一节　宏观调控理论 // 17

　第二节　生态文明理论 // 35

第三章　自然资源开发监管理论 // 45

　第一节　自然资源开发监管概述 // 45

　第二节　自然资源产权理论 // 49

　第三节　委托代理理论 // 57

　第四节　自然资源监管理论 // 58

第二篇　实　践　篇

第四章　自然资源状况 // 73

　第一节　土地资源 // 73

第二节　矿产资源 // 83

第三节　水资源 // 88

第四节　森林、草原、湿地资源 // 99

第五节　海洋资源 // 107

第五章　自然资源宏观调控 // 109

第一节　土地资源宏观调控 // 109

第二节　矿产资源宏观调控 // 121

第三节　水资源宏观调控 // 148

第四节　森林、草原、湿地资源宏观调控 // 154

第五节　海洋资源宏观调控 // 169

第六章　自然资源监管 // 171

第一节　土地资源监管 // 172

第二节　矿产资源监管 // 179

第三节　水资源监管 // 195

第四节　森林、草原、湿地资源监管 // 201

第五节　海洋资源监管 // 210

第七章　保护地监管 // 220

第一节　自然保护地监管依据 // 221

第二节　自然保护地监管体制 // 222

第三节　国家公园监管 // 226

第四节　自然保护区监管 // 228

第五节　自然公园监管 // 232

主要参考文献 // 237

第一篇　理　论　篇

第一章 自然资源概述

资源是指能被人类利用的自然和社会的各种物质和能量。资源可分为自然资源和社会资源。自然资源是指自然界天然形成、未经人类加工的资源，包括阳光、空气、水、土壤、生物、矿物等，以及森林、草原、湖泊、河流、湿地、海洋等生态系统，这是广义的自然资源概念。狭义的自然资源是指自然界中可被人类利用的各种物质和能量的总称，包括有形的自然资源（如土地、矿产、水体、动植物等）和无形的自然资源（如风资源、光资源、热资源等）。

第一节 自然资源分类

按照不同的标准，自然资源有不同的分类。

一、按利用限度分

按照利用限度分，自然资源可分为可再生资源和不可再生资源。可再生资源又称为非耗竭性资源，是通过自然或人为的力量在短期内可更新、再生、反复利用的自然资源，如水、阳光、空气、土壤、地热、氢、核能等资源和树木、草、天然动物、微生物等生物资源。生物通过光合作用和繁殖作用，实现资源的再生。

从能源角度来看，可再生的能源包括太阳能、风能、水能、海洋能、地热能、氢能、核能。太阳能是指直接来自太阳辐射所提供的热量和电能；生物能是指以生物为载体，直接或间接通过绿色植物光合作用，将太阳能转化为化学能并储存起来的能量；风能是指由太阳辐射提供能量，并因冷热不均衡产生压力差，导致空气的水平运动，最后通过风力发电机来获得能量；水能是指由太阳辐射提供能量，水受热变成水汽上升，将太阳能转化为势能，水汽遇冷形成降水，水往低处流，势能转化为动能，最后通过水力发电机来获得能量；海洋能是指蕴藏于潮汐、波浪、洋流等海水运动的能量，由于月球、太阳等天体的引力，导致海洋的潮汐运动，人类利用潮汐的动能来发电；地热能是指由地球内部放射性元素的衰变产生的热量，人类利用地热发电和供暖；氢能是指通过燃烧氢气或者是通过燃料电池来获得能量；核能是指通过核发电站内的核裂变而取得的能量。

土地属于再生资源，尽管土地不可再造，但可以重复使用。

不可再生资源，又称为耗竭性资源，是指通过自然力或人为的力量无法再生的资源，如泥炭、煤、石油、天然气、金属矿产、非金属矿产等自然界的各种矿物、岩石和化石燃料。不可再生资源，用一点就少一点，因此，需要节约使用。

二、按生产要素来分

按人类利用自然资源的要素划分，自然资源可分为：土地、矿产、水、生物、气候、海洋等资源。这是使用最广泛的分类方式。

1. 土地资源

土地资源是指已经被人类利用和可预见的未来可能被人类利用的土地，包括作为劳动对象的土地和作为劳动资料的土地。

土地资源既具有自然属性，也具有社会属性。从自然属性来说，土地资源具有生产力，可以生产出满足人类某种需要的植物产品和动物产品，这是土地资源的本质属性之一。农业种植就是利用土地的自然属性。从社会属性来说，人类利用土地盖房子、修道路、建港口、建公园和运动场所。土地资源对人类的需求来说，又是稀缺的。

本质上说，土地资源属再生资源，或者叫恒定资源，可重复使用。

土地资源的分类有多种，但最普遍采用的是按地形分类和按土地资源利用类型分类（王旭东，2005）。

（1）按地形划分。这是地理上的分类。一般将土地资源分为高原、山地、丘陵、平原和盆地，山地适合发展林牧业，平原、盆地适合发展耕作业。

（2）按土地资源利用类型划分。从土地的开发、利用角度，根据土地利用所带来的社会效益、经济效益和生态环境效益，将土地资源分为耕地、林地、牧地；水域、城镇居民用地、交通用地、其他用地（渠道、工矿、盐场等）；冰川和永久积雪、石山、高寒荒漠、戈壁沙漠等用地类型。

2. 矿产资源

矿产资源是指由地质成矿作用形成，埋藏于地下或出露于地表，以固态、液态或气态形式存在，有开发利用价值的矿物或有用元素的集合体。矿产资源属于不可再生资源，其储量有限。目前世界已知的矿产有200多种，其中80多种应用较广泛。

按照不同的划分标准，矿产资源有不同的分类。

（1）内生矿产、外生矿产和变质矿产。

根据矿产的成因和形成条件，可分为内生矿产、外生矿产和变质矿产。内生矿产是指由内生地质作用形成的矿产，一般与岩浆作用有关，系岩浆从地球深部带上来的矿物质形成的，如脉状矿。外生矿产是指由外生地质作用形成的矿产，一般与风化作用、沉积作用有关，如铝土矿、高磷土矿、钾盐、磷灰石矿、锰结核。变质矿产是指于变质作用形成的矿产。

（2）无机矿产和有机矿产。

根据矿产的物质组成和结构特点，分为无机矿产和有机矿产。有机矿产是指物资来源于有机物，如煤、石油、天然气、煤层气；无机矿产是指物质来源于无机矿物质，如热液型金矿、钨矿、锑矿、铅锌矿。

（3）固体矿产、液体矿产和气体矿产。

根据矿产的产出状态，分为固体矿产、液体矿产和气体矿产。固体矿产如能源矿产中的煤、油页岩、石煤、天然沥青、铀、钍；金属矿产的全部；非金属矿产的绝大部分。液体矿产如原油、天然气水合物、液体硫磺矿、盐湖中的卤水。气体矿产是指以气态形式产出的矿产，如天然气、页岩气、煤层气。

（4）能源矿产、金属矿产、非金属矿产和水气矿产。

根据矿产特性及其主要用途，分为能源矿产、金属矿产、非金属矿产和水气矿产（李亚，2011）。能源矿产又叫燃料矿产，包括石油、天然气、油页岩、煤、石煤、铀、钍、地热等。金属矿产指由金属矿物组成的矿产，有黑色金属、有色金属、贵金属、稀有金属、稀土金属和稀散金属，其中，黑色金属矿产包括铁、锰、铬、钛、钒；有色金属矿产包括铜、铅、锌、铝、镁、钨、锡、钼、锑、铋、汞、镍、钴；贵金属矿产包括金、银、铂族金属（铂、锇、铱、钌、铑、钯）；稀土金属矿产包括钪、钇、镧、铈、镨、钕、钷、钐、铕、钆、铽、镝、钬、铒、铥、镱、镥；稀有金属矿产包括锂、铍、铌、钽、锶、铷、锆、铪、铯；稀散金属矿产包括镓、锗、铟、镉、铊、铼、硒、碲。稀土金属、稀有金属和稀散金属统称为"三稀"。非金属矿产是指对人类有用的某种非金属元素，可直接利用矿物或矿物集合（含岩石）的某种化学、物理或工艺性质的矿产资源。非金属矿产很多，已经探明储量的非金属矿产有 92 种。水汽矿产是指以气体或液体为载体形式的矿产资源，包括地下水、矿泉水、气体二氧化碳、气体硫化氢、氦气和氡气。

3. 水资源

水资源是指可利用或有可能被利用的水源，可分为大气水、地下水和地表水。地球 71% 为海洋，29% 为陆地，海水不能直接被利用，人类可以直接利用的只有地下水、湖泊淡水和河床水，三者总和约占地球总水量的 0.77%。按照国际公认的标准：人均水资源不足 3000 立方米，为轻度缺水；人均水资源不足 2000 立方米，为中度缺水；人均水资源不足 1000 立方米，为重度缺水；人均水资源不足 500 立方米，为极度缺水。2022 年，全国人均水资源量 1918.17 立方米，处于中度缺水状态。

4. 生物资源

生物资源是指生物圈中对人类具有一定经济价值的动物资源、植物资源、微生物资源的统称。动物资源包括陆栖野生动物、内陆渔业、海洋动物等资源；植物资源包括森林、草地、野生植物和海洋植物等资源；微生物资源包括细菌、真菌等资源。人类的衣、食、住、行、卫生保健等都离不开生物资源。已经鉴定的生物物种约有 200 万种，据估计，在自然界中生活着的生物物种约有 2000 万 ~ 5000 万种。

5. 气候资源

气候资源是一种宝贵的可再生资源，是指能为人类提供原材料、能源和必要的物质的综合性资源，包括光能、热能、水分、风能等。人类可以利用光能、风能发电；利用光、热、水、空气等发展农业；利用降水，改善耕作条件；利用降雪，发展冬季旅游；利用天气预报，指导生产与生活。

气候资源对人类的生产和生活有很大影响，有长期可用性和明显的地域差异性的特定。

6. 海洋资源

海洋资源指的是指形成和存在于海水或海洋中的资源。海洋资源是综合性资源，包括以下几类：（1）生物资源。海洋生物资源包括海洋动物、海洋植物资源，以鱼虾为主，在环境保护和为人类提供食物方面具有极其重要的作用。海洋中有些生物资源的数量较之陆地多几十倍甚至几千倍，但海洋开发技术较之陆地复杂，技术要求也比较高。（2）矿产资源。海洋矿产资源包括海底的多金属结核与富锰钴结核、可燃冰、石油与天然气、煤及铁矿石、热液矿床及海岸带重砂矿中的钛、锆、石油、天然气及铀矿等。（3）海洋化学资源。海洋化学资源是指溶解于海水的化学元素，人类可以从海水中提取淡水和各种化学元素（溴、镁、钾等）及盐等。（4）海水能源。包括海水波浪、潮汐及海流所产生的能量、贮存的热量，以及海水所形成的压力差、浓度差发电等。（5）旅游资源。中国有 3.2 万公里的海岸线，其中大陆海岸线 1.8 万公里，岛屿海岸线 1.4 万公里，滨海有很多旅游资源，因此，充分利用大海的自然风光，开发海滨旅游，是海洋资源开发中重要方面。（6）交通资源。海水是重要的交通载体，各港口之间，承担着中国进出口物资 70% 以上的航运任务。

三、按空间分布划分

自然资源按空间分布来划分，陆地、海洋和天空都属于生物圈，可分为空间资源、陆地资源和海洋资源。空间资源包括气候、飞行航线资源；陆地资源包括土地资源、水资源、生物资源、矿产资源；海洋资源包括海洋生物资源、海水化学资源、海洋气候资源、海洋矿产资源、海洋旅游资源、海洋交通运输资源。

四、按稳定程度分

自然资源按其数量及质量的稳定程度，可分为恒定资源和非恒定资源。恒定资源是指数量和质量在较长时期内基本稳定的资源，又称非耗竭性资源，如太阳、风、水、大气、气候和土地。非恒定资源是指数量和质量经常变化的资源，又称耗竭性资源，如矿产等资源，用一点就会少一点。

第二节　自然资源特征

不同的自然资源，性质各不相同，特征也不同，但也有共性，共同的特征如下。

1. 有限性

有限性是指自然资源的数量与人类社会不断增长的需求相比，供给是有限的，故必须强调资源的合理开发利用与保护。

2. 稀缺性

稀缺性是指自然资源相对于人类的无限需要来说是稀缺的。某些人使用了某种自然资源，其他人就不能使用，某些人多用了某种自然资源，其他人就得不到自然资源，因此，对自然资源的使用具有竞争性。

3. 不平衡性

不平衡性是指自然资源的分布存在数量或质量上的显著地域差异。某些可再生资源的分布具有明显的地域分异规律，比如，降雨南方偏多，降雪集中于北方和中部地区；南方生长耐热、耐潮湿的生物，北方生长耐寒、耐寒生物。不可再生的矿产资源分布服从地质规律。

4. 整体性

整体性是指每个地区的自然资源彼此有生态上的联系，形成一个整体，因此，必须强调综合研究与综合开发利用。比如，动物资源依赖于栖息地的生态环境，包括植被、水、气候和土壤等资源；又比如，大气是联系在一起的，治理大气问题，必须各国相互合作。

5. 可用性

可用性指自然资源是人类社会的发展所必需的。一方面，自然资源作为人类的原材料，吃穿住行用，源源不断地供给人类所需，另一方面，自然资源又作为人类的劳动对象和劳动手段而存在，尤其是农业生产，离不开自然资源。

第三节　自然资源功能

一、支撑作用

人类生产和生活都在地球上，无论在陆地还是在海洋，自然资源都为人类的生存和发展提供支撑。人类的房屋、港口、机场、道路、桥梁、水利设施等基础设施都是修建在土地上，即使是水上交通，水也提供了船的支撑作用。由于万有引力的作用，人最终要回归到地球上，所以，自然资源中的陆地和海洋，对人类的生产和生活起支撑作用。

二、提供生产资料

生产资料是劳动对象和劳动资料的总称，土地为人类的生产生活提供生产资料。土地为粮食和瓜果蔬菜等农作物的生长提供养分，为人类的耕种提供劳动对象；人类利用淡水和海水养鱼，利用草原放牧或者利用牧草饲养家禽家畜，土地为其提供了劳动资料；人类开发利用矿产，是利用天然形成的物质作为原材料，土地（包含矿物）为人类提供劳动对象；人类开发利用新能源（太阳能、风能、潮汐能、地热能、生物质能），利用天然形成的光能、风能、潮汐能、热能以及生物质能，为人类的生产和生活服务，而这些新能源正是由自然资源提供劳动资料；人类开发利用山川、草原、江河湖泽大海等发展生态旅游、沙滩旅游、沙漠旅游、雪地旅游等，这些山川、草原、江河湖泽大海等既是提供娱乐活动的场所，又是观赏的对象，此外，人类还利用山脉、草原、江河湖泽大海等发展自然绘画、摄影、艺术，因此，无论是旅游还是艺术，自然资源都为其提供了生产资料。

三、维持生态平衡

自然资源在维护生态平衡和环境稳定方面发挥着不可或缺的作用。森林、草原、湿地等生态系统为人类提供稳定的气候、清洁的水源和干净的空气，另外还有防风、抗浪、固土、储水、过滤的作用，因此，生态系统的存在及生物多样性保护有助于保持气候稳定、水循环和空气净化等生态功能，能够有效地防止地质灾害的发生。

第四节 自然资源与人类社会

一、自然资源是人类社会的物质基础

1. 农、林、牧业生产依靠自然资源

古话说，农业靠天吃饭。首先，种植业需要土壤。土壤是地球表面的一层疏松的物质，由各种颗粒状矿物质、有机物质、水分、空气、微生物等组成，是岩石破碎后形成的。在生活中，土壤不仅是植物生长的基础，也是各种生物的栖息地。不同的土壤，不仅提供农作物所需的水分和养分，还影响土壤中气体交流、热量平衡、微生物活动及根系的延伸等。种植业也需要适宜的气候。不同的气候条件下，生长出不同的农作物。所以，自然资源为种植业提供生产资料。

其次，自然资源为林业发展提供生产资料。不同的气候土壤条件，孕育不同的森林。中国的森林主要分布在东北大小兴安岭和长白山脉、西南横断山区、东南部的一些山区。东北大小兴安岭和长白山脉，包

括黑龙江、吉林、辽宁和内蒙古的东部,主要是天然林,用材树种:针叶林有落叶松、长白落叶松、红松、樟子松、沙松、云杉、冷杉等;阔叶树有桦、杨、水曲柳、黄菠萝、胡桃楸、椴、榆、槭、柞树等。西南地区也是天然林,是中国的第二大天然林区,包括云南、贵州、四川、西藏。东南部山区,主要是人工林区,是中国最大的经济林和竹林基地。

最后,自然资源为牧业的发展提供生产资料。草是牧业的基础。中国的草原主要分布在北方,占国土面积的40%,可分为四大地区:一是分布在中国的黑龙江省一带,为沼泽草甸,牧草十分肥美,是著名的畜牧业基地。二是世界闻名的内蒙古草原,面积广阔,牧草丰盛,景色绮丽,是中国畜牧业最发达的地区。三是新疆一带的草原,那里高山冰雪消融、汇聚成河,草原植物种类繁多,成为水草丰美的好牧场,以盛产骏马和新疆细羊毛而闻名于世。四是青藏高原,地形复杂,气候寒冷干燥,属于荒漠草原类型。南方的草地分散,利用林间草、路边草、空地草发展牧业(肖航,2013)。

2. 工业原材料依靠自然资源

自然资源为工业提供原料来源。首先,以天然形成的矿为对象和以海水为对象的工业。如煤炭开采、石油和天然气开采、黑色金属矿开采、有色金属矿开采、非金属矿开采以及其他矿的采矿,又如用海水晒盐,都是以天然形成的矿、海水作为原料。其次,以农产品和水产品为加工对象的工业。如木材加工和木、竹、藤、棕、草制品,茶、烟草制品,以木料为材料的家具制品,以木材和竹子为原料造纸,以动物的皮、皮毛、羽毛为原料的皮草,以棉花为原料的纺织制品。最后,自来水和热气的生产,一大部分依靠天然形成的地表水和地下水。

3. 建筑业以自然资源为原材料

建筑业中,用量最大的水泥、砖、瓦,是以天然形成的石灰石和泥沙为主要材料制成的;装饰材料的墙砖、瓷砖、柱子,以天然形成的花岗石、大理石、黏土、石英砂为原料制成。土地作为劳动对象，是房子、道路的组成部分，同时，土地作为劳动资料是花园的组成部分，又作为劳动对象，为花草提供养分和水。

4. 旅游业依靠自然资源

首先，天然旅游离不开自然资源。天然旅游以名川大山、江河湖海为对象，巍峨的山峰、白皑皑的雪山、辽阔的大草原、无垠的大海，以及美丽、奇特的自然景观，吸引无数游客参观；其次，餐饮业中以天然食材为加工对象，吸引了一方食客；最后，地质遗迹为研学游提供了天然素材。

二、自然资源为生物提供生存环境

生存环境一般是特指某区域或个体所面对的特定生存条件。生存环境是个综合体，由生物、空气、水、空间、阳光构成。人类的环境可分为自然环境和社会环境。自然环境包括大气环境、水环境、生物环境、地质和土壤环境以及其他自然环境；社会环境包括居住环境、生产环境、交通环境、文化环境和其他社会环境。

1. 洁净空气

据统计，每个成年人每天要吸入 15~20 立方米空气，质量约 13~15 公斤，总计要呼吸 2 万多次。人一天 24 小时都在呼吸。人类吸入空气，将空气中的氧气转化为血氧，并将体内的二氧化碳呼出，完成一次呼吸运动。但是，当空气出现污染，必将造成对身体的伤害，因此，洁净的空气对人体的健康非常重要。洁净空气是人类生存的基本需求。

2. 清洁的水

水是生命之源，所有生物的结构组成和生命活动都离不开水，水在生命演化中起到了重要的作用。一旦水受到污染，不但组成生物体的水不能正常工作，生命赖以生存的环境也遭到破坏，久而久之，生物的健康受到威胁，生物群落慢慢萎缩，甚至消亡。

3. 充足的阳光和足够的空间

植物的生存需要阳光，通过光合作用，把空气中的二氧化碳（CO_2）和水合成有机物，并释放出氧气。绝大多数生物都直接或间接地依靠光合作用所提供的物质和能量而生存。农业上的许多丰产措施，实质上是充分利用光能，促进作物的光合作用，从而获得高产。

生物生存和活动、生物种群的繁衍，都需要有足够的空间，如果空间不够，种群的繁衍、发展壮大就受到限制。

4. 足够的生物资源

人类需要与其他生物和睦共处。一方面，人类依赖于植物及藻类制造氧气，呼出的二氧化碳，也依赖于植物的吸收和转化。另一方面，生物资源为人类提供足够的衣食住行所需的物质资料。没有其他生物资源，人类无法生存。如果其他生物资源受到破坏，人类的生存也受到威胁。因此，人类与其他生物资源形成命运共同体，应该和睦共处。

三、人类活动对自然环境的影响

人类活动对自然环境的影响可分为积极影响和消极影响两个方面。

（一）积极影响

当技术水平达到一定高度，人类的认识水平达到一定程度，人类就可以做出有益于自然环境的事。

1. 自然资源进一步利用

人类可以利用自然规律来改造自然，为人类造福，但是，改造自然的行为必须严格限制在自然规律作用范围之内，使人类活动与自然规律相协调，达到自然为人类服务的目的。如兴建三峡水利枢纽工程、南水北调等一大批水利工程，既控制了水患，又利用了水能和水资源。

2. 对污染的治理

在人类对自然环境污染以后，也能够对污染进行治理。如最近30

年来对江河湖泽的治理、对土壤污染的治理、对大气污染的治理、对废弃物的分类治理等，大大减少了人类活动对水体、土壤和大气的污染。当然，人类对污染的治理是个长期过程，而且有些污染的过程是不可逆的。这里的关键是通过一系列的工程，恢复自然界的自净能力；把排污量控制在自然界的自净能力之内，促使污染物排放量与自然生态系统自净能力相协调。如果人类的排污量超过了大自然的自净能力，污染物就会在大气、水体、生物体内积存下来，危害生物和人体的健康。

3. 生态环境改善

随着持续造林、大规模建设防护林、退耕还林工程、天然林保护以及生态文明建设和最严格的生态环境保护措施的实施，中国的生态环境逐步得到改善。比如，中国对毛乌素沙漠的治理：一是成立沙漠生态科学中心，集中研究和管理沙漠环境；二是大规模的治理项目推进了沙漠植被复原的工作；三是利用无人机、遥感技术等手段，实时监测沙漠变化，并及时做出应对措施；四是通过长期的治理，控制了沙漠的扩大，提高了沙漠土地的保水能力，减少了干旱程度，改善了当地人们的生活品质。又如，因"三北"防护林建设和植树造林运动，北方地区的风沙正逐步得到控制。

（二）消极影响

人类在利用自然资源过程中，也对自然环境产生负面的影响。

1. 气候变化

（1）温室气体排放增加。人类社会的工业化和交通运输以及工厂化的农业生产（养牛、羊、猪、鸡、鸭、鱼等）、工业品的消费等排放大量的水汽（H_2O）、二氧化碳（CO_2）、甲烷（CH_4）、氧化亚氮（N_2O），产生温室效应。

（2）森林砍伐增加。随着人口的增加，人类的活动范围扩大，森林砍伐程度加剧，热带雨林逐渐消失，导致森林吸收 CO_2 减少。

温室气体排放的增加和森林砍伐的增加，导致全球气温升高、极端气候频发（厄尔尼诺、干旱、洪水、冰雪灾、台风等）、水土流失增加、冰川融化、物种减少。

2. 生态破坏

人类在从事生产和生活中，排放大量的固态、液态和气态废弃物，造成土壤、水体（大海和江河湖泽）、大气污染以及光污染、噪声污染，破坏动植物的生存环境，甚至进一步造成各种疾病的发生与传播。

第二章 自然资源宏观调控理论基础

第一节 宏观调控理论

宏观调控是指为达到宏观经济调控目标，通过适当的调节方式和手段，采取有效的经济政策，使经济、社会协调有序运行的过程。

一、宏观调控的必要性

1. 社会化大生产的必然要求

社会化大生产要求国民经济各部门之间必须保持一定比例的发展。马克思将社会再生产分成两大类：生产资料生产（第Ⅰ部类）和消费资料生产（第Ⅱ部类），两大部类之间要均衡发展，生产出来的产品数量上要按照生产资料生产和消费资料生产被两大部类购买，才能实现全社会的简单再生产或扩大再生产。英国经济学家克拉克将国民经济分成三次产业：第一产业、第二产业和第三产业，在不同的发展阶段，三次产业的比例不同，但受三大规律的制约：（1）三次产业比重变动规律。三次产业比重变动规律又称配第一克拉克趋势：第一产业的比重逐渐下降，第二产业的比重先上升后下降，第三产业所占比重则一直上升。（2）重工业化规律。重工业化规律，又称霍夫曼趋势，是指在工业内部，重工业的比重不断上升，轻工业的比重逐渐下降，最后逐渐趋于稳定。一般地，发达国家工业中生产资料生产的比重达到70%就不再提高，70%可以看作是天花板。（3）产业结构高加工度化和高附加值化规律。产业结构高加工度化和高附加值化规律，又称赫希曼趋势，是指在整个工业中，加工工业比重与基础工业（包括采掘业和原材料工业）的比重相比逐渐增大，呈现高加工度、高附加值的趋势。从投入产出关系来看，各产业之间存在着一定的比例关系，只有各产业间按照这一比例关系发展，经济才能协调发展。然而，各产业之间按比例发展并非市场机制能够解决，只能由政府来解决。

2. 弥补市场经济的缺陷

1929～1933年的经济危机证明：市场这只"看不见的手"存在缺陷，市场的缺陷可由政府这只"看得见的手"来弥补。

市场存在以下六个方面的缺陷：

（1）没有能力界定和保护产权。产权是市场经济的基础。产权之所以重要，是因为只有界定清楚产权，产品才能成为商品，才可以在市场上交易。但产权的界定是由市场之外的力量决定的，市场无能为力。

产权还很容易受到侵害，因此需要得到保护，但是，产权保护也不是市场能够做到的，需要市场之外的力量来保护合理的产权。

（2）没有能力维护市场秩序。市场经济是一种秩序经济，市场秩序依靠有效的市场规则——进入规则、交易规则和退出规则的制定和执行，但市场规则的制定和执行，不是市场单独能做的，需要市场之外的力量——政府（由政府制定规则，由市场执行规则）。

市场竞争的结果不是竞争的结束，而是走向垄断。垄断会缺乏效率和创新动力，因此，为维护市场秩序，避免垄断的缺陷，需要政府的力量来弥补。

（3）不完全信息和不对称信息。市场经济大量充斥信息不对称和信息不完全。"买的不如卖的精"说的就是信息不对称：买卖双方对商品信息的了解是不对称的，因此，需要市场之外的力量，增加交易的透明度，减少因信息不对称导致的对买者的伤害。

信息的搜寻是有成本的，当成本很高时，市场就缺乏效率，因而，不可能再去搜寻信息，这导致了信息不完全的常态。为避免因信息不完全导致的低效率，需要市场之外的力量，减少信息搜寻成本。

（4）没有能力保证分配公平。公平属于伦理问题，服从伦理原则，但市场经济崇尚效率，服从效率原则，公平和效率注定是一对悖论：讲求效率，必定牺牲公平；讲求公平，必定牺牲效率。经济社会的发展是在效率和公平之间寻找平衡。这就要求政府参与，维护公平公正。

（5）没有能力解决外部不经济和公共产品问题。外部不经济是指企业或个人的活动对其他企业或个人造成不利影响，而又没有给予补偿的经济现象。外部不经济，实际上是私人成本和社会成本不相等的表现，也就是说，当个人或企业的私人成本小于社会成本时，私人收益会大于社会收益，此时就会产生外部不经济，包括生产的外部不经济和消费的外部不经济。通过向私人成本较小的个人或企业征税（俗称庇古税）或者通过外部性内部化（科斯定理）方式来解决外部不经济问题。

公共产品是与私人产品相对应的概念，是指使用或消费上的非竞争性和受益上的非排他性的产品。非竞争性是指一个人从这种产品中受益不会影响其他人从这种产品中受益，受益对象之间不存在利益冲突。非排他性是指产品在消费过程中所产生的利益不能排斥是他人拥有这个利益。实际上，公共产品无法做到产权明晰，无法做到排除他人使用这种产品（排他性），同时，也无法避免他人免费使用，只能共享。

（6）没有能力解决宏观经济失衡问题。宏观经济失衡问题（如东部、中部、西部和东北老工业区之间、城乡之间、南方和北方之间），是各种因素长期作用的结果，具有作用时间长（几十年、几百年甚至几千年）、作用因素多（有自然的因素，也有人为的因素，是政治、经济、社会、文化和自然等多因素的作用）、形成机理复杂（有单因素作用也有多因素复合作用和多因素多次作用，有短期、长期作用和短期与长期结合作用、内部与外部作用）的特点，光靠市场因素，想在短期内解决是不可能的。由于市场经济的趋利性，这种结构失衡问题，需要市场之外的力量来解决。

总之，市场缺陷（或市场机制失灵）不能由市场本身来解决，需要市场之外的力量——政府这只"看得见的手"来弥补。

二、宏观调控的目标

宏观调控有以下六个目标，总目标是总需求与总供给的平衡。

1. 适度经济增长

经济增长是指一国在一定时期内最终产品和劳务量的增加，一般用 GDP 来表示。经济增长是指宏观经济增长，一个国家根据其资源状况和发展阶段，保持经济的适度增长，是其主要的目标。这里的适度，没有固定的数值，一般是指保持 3% 以上的增长速度。对于中国当前经济的适度增长，一般认为，保持 5% 以上的增长速度为宜。

2. 保持物价稳定

物价稳定是各国追求的目标，因为物价稳定，可以确保 GDP 的实际增长，而不会因为物价的增长导致 GDP 虚增。一般认为，3% 以下的物价增长率可以接受。

3. 国际收支平衡

国际收支平衡是指一国国际收支净额即净出口与净资本流出的差额为零，国际收支则既无逆差也无顺差。当经常项目下的国际收支达不到平衡时，可以用资本项目来弥补，实现平衡。当加上资本项目以后，仍然难以平衡，就可以考虑平衡项目（如错误与遗漏、分配的特别提款权、官方储备三项）下的国际收支的平衡。

4. 充分就业

充分就业有广义和狭义之分，广义的充分就业是指各种生产要素都按照它们的所有者愿意接受的价格全部用于生产的状态，包括劳动力的充分就业和其他要素的充分利用。狭义的充分就业仅指劳动力的充分就业，是指在一定的工资下，所有愿意接受工作的劳动力，都能获得就业机会。需要指出的是，充分就业不等于全部就业，仍有部分失业，包括摩擦性失业和结构性失业。摩擦性失业是指由于正常的劳动力流动而引起的失业，包括换工作和找新工作；结构性失业是指劳动力的供给和劳动力需求不相匹配造成的失业，是既有失业又有职位空缺的状态。

5. 经济结构合理

经济结构合理是指国民经济各部门之间、各地区之间、各种经济成分之间以及社会再生产各环节之间的构成及其相互关系处于协调发展状态，可分为生产力结构和生产关系结构。判断经济结构是否合理的标准是经济体能合理利用资源。其标志是社会总供给和社会总需求基本平衡、经济各部门之间和内部比例关系协调、地区之间结构合理、人口资源环境之间的关系得到较好的处理、资源利用率高等。

6. 收入分配结构合理

收入分配结构合理是指各种收入之间的比例关系协调，其判断标准是收入分配既能调动劳动者的积极性，又有利于社会的稳定。劳动报酬收入、财产性收入、转移性收入、其他收入之间，各阶层收入之间，行业收入之间，地区收入之间，不同所有制收入之间，比例合理。通常地，橄榄球型的收入分配结构，即两头小中间大的收入分配结构，有利于社会的稳定。

三、宏观调控内容

（一）宏观调控思路

宏观调控的思路是需求管理和供给管理相结合，短期调控和长期调控相结合。

传统的宏观调控，以凯恩斯需求管理理论为依据，也就是以边际消费倾向递减规律、资本边际收益率递减规律和流动偏好规律三条心理规律为基础，通过财政政策和货币政策，逆周期调控消费需求、投资需求和外国需求，以达到经济发展目标。凯恩斯的第一条心理规律——边际消费倾向递减规律是指随着收入的增加，每增加一个单位的收入用于消费的比例减少；凯恩斯的第二条心理规律——资本边际收益率递减规律是指随着资本投入的增加，在技术和其他条件不变时，资本边际收益率呈递减趋势；凯恩斯的第三条心理规律——流动偏好规律是指随着利率的下降，当利率降到很低时，老百姓更愿意手持现金和容易变现的活期存款，利率再降低的作用不明显。但传统的宏观调控理论的前提是经济未饱和，即有效需求不足，只要增加需求，就能促进经济增长。

但是，凯恩斯理论没有考虑供给侧的问题，也没有把供给管理和需求管理结合起来，导致了单纯依靠凯恩斯需求管理来调节经济难以奏效，于是，从 2013 年开始，中国提出了供给侧结构性改革，通过与需求管理的结合，调控国民经济。

（二）宏观调控手段

1. 规划手段

规划手段是指通过制定国民经济发展规划来调节国民经济的发展。规划有两类：综合性规划和专项性规划，前者如国民经济社会发展规划，包括全国性规划和区域性规划（省、市、县规划），后者包括行业发展规划和专题规划。中国的规划一般是 5 年一个周期，并得到法律保护和严格执行。

2. 经济手段

经济手段是指借助经济杠杆（价格、税收、信贷、工资、汇率等）来调节经济，包括财政政策、货币政策、工资政策、价格政策、汇率政策、产业政策等。经济手段是调控经济的主要手段，其作用在于通过经济政策来激励（正向激励和反向负激励）、引导企业和个人的行为。除了产业政策外，其他的经济手段多为短期的调节。

3. 行政手段

行政手段是指通过行政命令、规定、指示和下达指令性计划等来调节经济。其特点是强制性、直接性、实效性、纵向性。目前，利用行政手段来调节经济，越来越少。

4. 法律手段

法律手段是指通过立法和司法等形式对社会经济生活进行指导、监督、调节和控制。法律手段具有强制性、事后性的特点。由于法律手段具有事后性的特点，因此，调节经济，更多的是用经济手段。

（三）宏观调控措施——需求管理

1. 财政政策

财政政策是指根据稳定经济的需要，通过财政支出与税收政策来调节总需求。增加政府支出或者减少税收收入，可以刺激总需求，从而增加国民收入，反之则压抑总需求，减少国民收入。

财政政策又分为扩张性财政政策（又称积极财政政策）、紧缩性财政政策和中性财政政策三种。扩张性财政政策是指通过财政分配活动（减税或增发国债、支出大于收入，出现财政赤字等）来增加和刺激社会的总需求的政策；紧缩性财政政策是指通过财政分配活动来减少和抑制总需求的政策；中性财政政策是指财政的分配活动对社会总需求的影响保持中性的政策。

财政政策措施包括：

（1）税收。税收是政府提供公共产品，凭借政治权力，对部分社会产品进行分配以取得财政收入的手段。税收具有强制性、无偿性和固定性的特征。减税有利于刺激经济增长。但当经济出现衰退时，是采用全面减税还是结构性减税呢？全面减税的前提是经济结构合理，如果经济结构不合理，全面减税对过剩产业会有刺激作用，因此必须采取结构性减税的办法。

（2）国家信用。国家信用是指国家通过发行国债和国库券形式向国内外的个人和机构借款。

（3）财政补贴。财政补贴是政府调节供求的一种特殊措施，包括生产补贴和生活补贴。这种政策的使用越来越少。

（4）财政投资。财政投资是指政府安排的预算内投资，以影响社会总需求的手段。增加财政投资，可以增加总需求。

（5）转移支付。转移支付是指由于各级政府之间所存在的财政能力差异，为实现各地公共服务水平的均等化而实行的一种财政资金转移或财政平衡制度。

2. 货币政策

货币政策是指中央银行为实现既定的经济目标，运用各种政策工具调节货币供给量、利率和汇率，进而影响宏观经济的原则和措施。

货币政策有三种：扩张性货币政策、紧缩性货币政策和稳健的货币政策。扩张性的货币政策是指通过增加货币供应量来刺激总需求，进而刺激经济增长的政策。因此，当总需求低于供给能力时，使用扩张性的货币政策刺激经济增长最合适。紧缩性的货币政策是指通过削减货币供应量来降低总需求水平，进而抑制经济增长。因此，当总需求高于供给能力时，使用紧缩性的货币政策抑制经济增长最合适。稳健的货币政策是指为配合财政政策，货币政策方面要保证货币供应量或利率的稳定。

货币政策措施包括：

（1）利率。利率是指借款、存入或借入金额（称为本金总额）中每个期间到期的利息金额与票面价值的比率。利率提高，会增加利息支付成本，减少投资需求，抑制经济过热，反之，降低利率，增加投资需求，促进经济增长。一般地，采取调整基准利率进而调整经济发展的做法。

（2）法定准备金率。法定准备金率是指中央银行规定商业银行和金融机构吸收存款时应交存中央银行的比例。提高法定准备金率，减少商业银行、金融机构的货币供应量，进而抑制经济增长，反之，降低法定准金率，增加银行、金融机构的货币供应量，促进经济增长。

（3）公开市场业务。公开市场业务是指中央银行在公开市场上买卖政府债券，以调节货币供给量的活动。买入债券，货币供应量增加，刺激经济增长，相反，卖出债券，回笼货币，抑制经济增长。

（4）再贴现率。再贴现率是指中央银行在商业银行以有价证券作抵押条件下对商业银行贷款的利率。提高再贴现率，减少市场的货币供应量，抑制经济增长，反之，降低再贴现率，增加市场的货币供应量，促进经济增长。

由于法定准备金率和再贴现率的作用是全面的，力度较大，因此，公开市场业务较灵活，也较多采用。

财政政策和货币政策常常是组合使用。当经济出现严重的衰退时，采取"双松"的政策，即扩张性财政政策和扩张性的货币政策，双管齐下，使经济快速提升；当经济出现严重的过热时，采取"双紧"的政策，即紧缩性财政政策和紧缩性货币政策，使经济快速收缩；当经济出现衰退时，采取扩张性财政政策、紧缩性货币政策或者紧缩性财政政策和扩张性货币政策或者扩张性财政政策与稳健的货币政策相搭配。至于具体采取的财政政策措施和货币政策措施和力度，要看经济的经济目标和经济状况，既不能力度过大，又不能力度过小，达到适度平衡。

（四）宏观调控措施——供给管理

1. 供给管理概述

供给管理的目的是供给更好地创造和满足新需求，最终实现经济高质量发展。传统的宏观调控存在不足：一是传统的宏观调控政策主要指稳定政策，以货币政策为主、财政政策为辅（尤其是以美国模式为主）；二是传统的宏观调控政策主要着眼于需求管理，供给管理考虑较少，需求管理和供给管理一起考虑更少；三是传统的宏观调控政策主要着眼于短期逆周期调节；四是传统的宏观调控政策考虑结构调整的少。

和需求管理不同，供给管理强调针对经济中存在的长期性、结构性问题，通过生产要素优化配置和产业结构调整来提高供给质量和效率，跨周期激发经济发展动力、提高潜在增长率，从而实现促进经济长期增长目标。

谈到供给管理，不得不提到两位经济学家，一位是萨伊，另一位是拉弗。萨伊提出供给定律：供给能自动地创造需求。其前提是有效供给不足，只要增加供给，就能创造需求。实际上，当今社会存在着许多企业，先是把产品生产出来，然后通过各种营销手段，再把产品推销给消费者，越来越多的消费者了解并认可这种产品后，购买这种产品，供给就自动创造需求了。但这里隐含着一个条件：消费者存在潜在需求，当这些需求被发掘，潜在需求转变成有效需求以后，供给就能创造出需求了。企业真正要做的是甄别消费者的潜在需求，并努力将消费者的潜在需求转化为有效需求。

描绘政府税收与税率关系的曲线叫作拉弗曲线，由拉弗提出。拉弗曲线表明：税率提高，政府的税收增多，但税率的提高超过一定的限度后，企业的经营成本增加，投资反而减少，收入会减少，即税基减小，导致政府的税收减少。以拉弗为代表的供给学派成为"里根经济学"的核心，供给学派的可取之处在于减税能拉动经济增长。

2. 供给管理的重点

（1）结构调整。结构调整是永恒的主题。从供给角度来看，结构包括全部的生产力结构和生产关系结构，即产业结构、产品结构、技术结构、投资结构、区域结构（东、中、西部和东北老工业区之间、城乡之间结构）、资源结构、人口结构、就业结构等生产力结构和所有制结构、进出口结构、市场结构、零售业态结构、教育和科学技术结构等生产关系结构。这些结构，在不同时点会发生变化，以满足消费者的需求。

产业结构的调整是最主要的结构调整。通过产业政策，带动投资结构、产品结构、技术结构、就业结构的调整，进而产业结构调整，甚至区域结构的调整。产业政策通常有四种：鼓励型产业政策、优化型产业政策、限制型产业政策和禁止型产业政策。

（2）降低成本。成本是企业竞争力和利润的关键，降低成本也是永恒的主题。在企业内部，一方面，通过加强管理，促使生产要素的优化组合，优化生产流程，减少成本；另一方面，通过改进新技术，提高原材料的利用率来降低成本；还可以通过循环利用，降低成本，增加效益。在企业外部，通过营商环境的改善，降低经营成本；通过硬环境的建设和软环境的改善，降低企业的物流成本。

（3）不断创新。创新是指以现有的知识和物质基础，在特定的环境中，改进或创造出新的事物，并获得一定有益效果的行为。创新是民族进步的灵魂，是一个国家兴旺发达的不竭动力。创新之父熊彼特提出了开发新产品、使用新方法、发现新市场、发展新原料来源、创建新组织等创新途径，实际上，还有培育新理念、开发新技术、推行新制度，等等。通过创新，以一种新的面貌、新的姿态出现，以新的供给满足新的需求。人的需求是无限的，一旦有能力满足新的需求时，新的供给就会源源不断地出现，从而推动社会不断进步。

（4）绿色发展。绿色发展是五大发展理念（创新、协调、绿色、开放、共享）中重要的理念之一。绿色发展是以人民为中心，倡导绿色生产方式和生活方式，强调人与自然环境的和谐，实现高效率和可持续的发展。第一，发展是为了人民，其目的是满足人民群众对美好生活的需要，发展本身也是人的全面发展。第二，人类在利用自然资源和环境时，要能永续利用。第三，生产要素的组合利用是高效率，是高质量的发展。第四，在资源环境的约束下，积极倡导绿色的生产方式和生活方式，提升节约意识、提升环保意识、生态意识，形成推进绿色发展的良好社会氛围。

（5）扩大开放。由于资源分布的非均衡性，调整余缺是各国的必然选择。第一，通过进一步对外开放，增强各国人民之间的了解，带来旅游、文化产业的繁荣。第二，人类的命运连成共同体，通过进一步的开放，互通有无，补强产业链、供应链、创新链。第三，通过进一步对外开放，调整余缺，实现双赢或多赢的目标。

（五）供给管理和需求管理结合

萨伊的供给定律和凯恩斯的需求理论都强调供给和需求相匹配，但两者各有侧重，前者强调供给不足，后者强调有效需求不足。萨伊定律在解释 1929～1933 年生产过剩的危机时走到尽头，凯恩斯的需求理论在解释 20 世纪 70 年代经济滞胀时也无能为力。2013 年，全球经济面临着经济增长停滞、失业增加和通货膨胀并存的现象，中国政府提出需求管理和供给管理相结合的理论，在需求侧，实行宏观政策微观化，在供给侧，实行供给侧结构性改革。

1. 宏观政策微观化

宏观政策微观化是 20 世纪 70 年代初提出来的。二战以后，由于过度使用凯恩斯需求管理的宏观经济政策，西方国家纷纷出现了经济滞胀现象。面对经济滞胀问题，凯恩斯主义经济政策无能为力。为解决经济滞胀问题，后凯恩斯主义者提出了宏观政策微观化概念，试图通过实施更有针对性的微观化政策来应对经济滞胀。

所谓的宏观政策微观化，其核心是实行差别化的政策，包括财政政策和货币政策。也就是说，政策的实施，要分产业、分区域、分阶段，因地制宜，采取差别化的政策。比如自贸试验区与非自贸试验区实行不同的政策，不同产业的贷款、税收实行差别化政策。之所以实施宏观政策微观化，主要是为了更有针对性地实施财政政策和货币政策。如果要把宏观政策的微观化和以前的宏观政策相比，那就像农作物生产的微灌和大水漫灌的区别。

需要注意的是，不同地区，因为经济发展水平不同，应该实行不同的政策；不同的产业，产业地位不同，其支持的政策也不同；不同的企业，处于生命周期的不同阶段，所采取的政策也不同。

2. 供给侧结构性改革

供给侧结构性改革，是 2015 年 11 月 10 日习近平在中央财经领导小组第十一次会议提出的，旨在调整经济结构，使要素实现最优配置，提升经济增长的质量和数量。2022 年 10 月，习近平总书记在党的二十大报告中强调，"要坚持以推动高质量发展为主题，把实施扩大内需战略同深化供给侧结构性改革有机结合起来，增强国内大循环内生动力和可靠性，提升国际循环质量和水平，加快建设现代化经济体系"。第一，在要素层面，包括土地要素、资本要素、劳动力要素、技术要素、管理要素和制度要素，要解除对人口和劳动力、土地和资源、资本和金融、技术和创新、制度和管理五大财富源泉的供给抑制。第二，在企业层面，要加大国企改革力度；调整产品结构，让产品更新换代；加强流程改造力度，鼓励技术创新，用新技术改造传统产业。第三，在产业层面，要做减法，就是把钢材、水泥、玻璃、电解铝等行业过剩产能去掉；要淘汰落后产能，推动产业升级。第四，在国家层面，要提高资源配置效率。要减少税费，降低企业经营成本；优化分配结构，实现公平分配；改善投资环境，促进资源整合；要补短板，尽快解决新兴产业供给不足，向高端化、智能化、绿色化、服务化发展；要进一步对外开放，既要实现"双循环"目标，又要争取全世界更大范围内配置资源；同时也要防止系统性的风险（如泡沫和地方债风险）。

四、市场与政府

(一) 市场

市场是商品交换的场所和交换关系的总和。市场有两种：一种是有固定场所的，如批发市场、百货商场、超市等，另一种是没有固定市场的，如网上交易、电话交易、电报交易等。尽管平台交易，供给方（卖方）有固定的场所，但需求方（买方）没有固定场所，交易仍在网上，属于网上交易。

市场通过市场机制来实现。机制最早是指机器的结构构造和工作原理，后来被用于生物学和经济学领域。经济学上讲的机制是指经济系统各要素的运行机理，包括结构构造和相互作用的过程与方式。市场机制（通常称为"看不见的手"）是指在价值规律作用下通过市场配置资源的机制，由四个部分构成（吴文盛，2010）。

1. 价格机制

价格机制又称价格形成机制，是指通过市场来决定价格的机制。价格的形成有两种：一种是通过政府来确定，叫作政府定价，或计划价格；另一种通过市场供求双方的均衡来实现，叫作市场定价，或均衡价格；介于二者之间的是半政府定价，如政府指导价。

2. 竞争机制

竞争机制是指通过市场竞争来实现资源的优化配置、优胜劣汰的机制。

市场竞争是两个或两个以上的主体（有意识的个体或群体）在特定的机制、规则下，为达到各方共同的目的而做出的较量，并产生各主体获取不同利益的结果。市场竞争，只有买方之间的竞争（尽可能便宜地买到商品，是买方之间的较量，重点是买到商品，价高者获胜）和卖方之间的竞争（尽可能便宜卖出商品，是卖方的较量，重点是卖出商品，价低者获胜）两种。买卖之间不存在竞争，买方和卖方之间的较量，是讨价还价能力的较量，但目的不同（买方是尽可能地少花钱，卖方是尽可能地多挣钱，是买方和卖方之间的较量，既不是价高者获胜，也不是价低者获胜，往往是高价和低价之间的折中）。

这里需要注意的是，博弈和竞争是两个概念，竞争对应着合作，竞争是两个或两个以上的主体为了各自的利益而展开的较量，竞争只有两种结果：要么被人淘汰，要么淘汰别人。博弈也是遵循某种规则，各参与方依靠所掌握的信息，选择各自策略行动，以实现利益最大化和风险成本最小化的过程。博弈的结果有零和博弈和非零和博弈，而竞争属于零和博弈。另外，两个或两个以上的主体可以为了共同的利益展开博弈，但不能展开竞争，如夫妻二人可以展开博弈，但不可以展开竞争，因为利益相同。又如，上下级之间利益相同，可以展开博弈，但不能说展开竞争。从这个意义上说，在概念的外延上，博弈比竞争要宽。

3. 供求机制

供求机制是指通过商品供求的变化引起商品价格变动和资源流动的机制。供求关系就像跷跷板，当供过于求时，商品的价格下跌；当供不应求时，商品的价格上涨；当供求平衡时，所确定的价格则是均衡的价格。供给和需求双方又是两种相反的力量，只有当两种力量相等时，供给和需求才达到平衡。从哲学高度来说，均衡是相对的，不均衡是绝对的，因此，供求均衡很难实现，大部分是供求不均衡。追求供求基本均衡就可以。

4. 风险机制

风险机制是市场经济的压力机制。它通过某种损失给企业带来风险，从而对企业形成压力的机制。市场经济总是存在风险的，只是风险大小不同而已。

（二）政府

政府有经济治理、政治治理、社会治理、文化治理、生态治理

"五位一体"的职能，经济职能仅仅是政府的一个职能。

政府经济治理的职能是政府的职能之一，包括宏观调控、行业监管、政府投资、国有资产管理、国民收入分配、社会保障六个相互独立的子职能。（1）宏观调控职能。政府由中央政府和地方政府组成。省市县乡都是地方政府，宏观调控是中央政府的职能，地方政府没有这个职能。即使是中央政府，也只有一部分部委有宏观调控的职能。通常认为的宏观调控的三个主要的综合性部门是：国家发展改革委员会，管发展，通过国民经济发展政策来调控经济；财政部，管财政，通过财政政策来调控经济；以中国人民银行为主包括国家金融监督管理总局和证监会，管金融，通过金融政策来调控经济。但实际上，还有一些中央政府部门承担着宏观调控任务，如除水资源以外的自然资源的宏观调控，由自然资源部来完成，水利部负责水资源的宏观调控。（2）行业监管职能。中央政府的部委、省级政府的厅局、地级和县级政府的局都有行业监管职能，只是根据授权不同，发挥的监管作用不同。（3）政府投资职能。这也是中国财政区别于西方公共财政的地方。中国政府从财政收入中拿出一部分，用于投资，形成国有资产。因此，投资是中国政府的经济职能之一。（4）国有资产管理职能。各级政府从财政收入中拿出一部分，投资于投资回收期长、投资额大、投资回报低的基础设施领域，形成国有资产，需要对这部分国有资产进行管理。另外，新中国成立以后，依法拥有的自然资源资产、没收帝国主义在华投资、民族工商业的社会主义改造形成的国有资产，也需要管理，因此，国有资产管理成为政府的一项职能。（5）国民收入分配职能和社会保障职能。国民收入的分配和再分配、政府提供社会保障，也是政府的两个基本职能。

政府对经济的调节，是通过计划机制（通常称为"看得见的手"）来实现。这里，主要是通过规划来配置资源、通过政策来引导资源的配置、通过监管来实现资源的配置，通过规划目标与实际执行结果的评估与矫正来保证规划目标的实现，为此，本书从规划机制、引导机制和保障机制三方面对计划机制进行阐述（吴文盛，2010）。

1. 规划机制

规划机制是政府对国民经济发展作整体的规划，明确发展方向、发展重点和优先发展的领域、结构调整阶段与步骤。规划包括各层级的综合性、专题性规划。综合性的规划有全国性规划、区域性规划（省、市、县规划），如国民经济社会发展五年规划。专项性规划包括行业规划和专题规划。行业规划是指某个行业的发展规划，如纺织行业发展规划、钢铁行业发展规划；专项规划是指为某一专题而制定的发展规划，如《京津冀协同发展规划纲要》《粤港澳大湾区发展规划纲要》《大气污染防治行动计划》。规划作为政府的法律文件，已经上升到法律高度，受《中华人民共和国城乡规划法》调节。

2. 引导机制

为落实国民经济发展规划，政府出台相应的配套政策（财政政策、货币政策、产业政策、收入政策、价格政策、外贸政策等），对优先发展和需要扶持的领域给予激励，对限制发展的领域给予约束。政策之所以有引导作用，在于这些政策通过市场激励或抑制（反向激励），引导市场主体的行为。政策的引导作用无非有四种：鼓励、优化、限制和禁止，通过鼓励政策，鼓励某行业、某地区经济的发展；通过优化政策，实现产业结构和区域结构的升级换代；通过限制政策，限制某行业、某地区的发展；通过禁止政策，禁止某行业、某地区的发展。其最终目标是经济的高质量发展。

3. 保障机制

保障机制是指保障国民经济发展目标顺利实现的机制，它由信息处理机制、效果评估机制和行为矫正机制构成，通过信息收集、信息加工处理、效果评估和行为矫正来确保国民经济规划的实现。

（三）市场与政府的关系

政府和市场的关系，一直是学者们关注的焦点，其中，最主要是确定政府和市场的功能、边界、资源配置效率。政府和市场的边界取决于功能，其界限是政府能够弥补市场的不足。

政府的功能主要是宏观调控和监管，而市场是商品交换的场所和交换关系的总和，为商品的竞争、交易和供求提供平台。中央政府和地方政府作用的区别是：宏观调控是中央政府的职能，而监管是中央政府和地方政府的共同职能；中央政府中，宏观调控部门履行宏观调控的职能，而中央政府非宏观调控部门和宏观调控部门共同负有监管职责，比如，自然资源部既履行自然资源总量与结构的宏观调控职能，也履行全国性的自然资源以及关系国家安全的自然资源监管职能。地方政府中，各级地方政府在监管方面的区别在于行政区域的不同，各级政府对行政区域内的市场进行监管，跨行政区域的市场监管，由上一级的政府来协调。中央一级的政府负责跨省级区域市场的监管、涉及国家安全的市场监管、宏观调控政策的实施监管。这样，从最下一级的地方政府到中央政府，形成监管主体体系。市场有多种分类方式，除了按照行政区域划分市场以外，按照垄断程度的不同，可分为完全垄断市场、完全竞争市场、垄断竞争和寡头垄断市场。完全垄断市场和寡头垄断市场需要政府来干预，以弥补市场的不足；而完全竞争市场，则要充分发挥市场的调节作用，减少政府的干预；对于垄断竞争市场，政府部门要一定程度地介入，但以市场机制的作用为主。对于消费品市场和生产要素市场来说，消费品市场的市场机制作用较完全，可以充分发挥市场机制的作用；而对于生产要素市场来说，则市场机制的作用参差不齐，应区别对待，比如，土地要素（广义的，指山水林田湖草海沙，下同）由于存在着公共产品和外部性，需要更多的政府干预，实行政府监管为主、市场调节为辅的模式，而劳动、资本、技术和企业家才能等要素由于市场机制的作用更完全，可以让市场机制发挥更大的作用，实行市场调节为主、政府监管为辅的调节模式。另外，对于土地要素市场，由于土地资源属于公有，且一级市场存在垄断，应以政府的宏观调控和监管为主，而二级市场则要更多地以市场机制的作用为主，政府的监管为辅。

从配置资源的角度，政府用计划机制来配置资源，市场用市场机制来配置资源，市场在配置资源中起决定性作用。选择计划配置还是市场配置，最主要是要看资源的配置效率。具体来说：（1）政府应尊重和顺应市场规律。（2）政府制定经济社会的规划目标和蓝图，由市场来实现。（3）政府出台的宏观调控政策，要通过市场来落实。（4）市场在资源配置中起决定性作用。当市场配置的资源出现低效或无效时，由政府来弥补市场的不足。（5）市场把自然资源的竞争、交易和供求信息反馈给政府，为政府政策的校正和宏观调控提供决策依据，保证经济社会目标的实现。（6）政府是制度的制定者和调整者，负有义务去创造一个有利于自然资源交易的市场环境。

第二节　生态文明理论

一、生态文明的提出

1995 年，美国著名作家、评论家罗伊·莫里森在其出版的《生态民主》一书中提出了生态文明的概念，它是与原始文明、农业文明、工业文明相并列的概念。如果说农业文明是"黄色文明"，工业文明是"黑色文明"，那生态文明就是"绿色文明"。中国之所以会提出建设生态文明，是因为通过改革开放以来的高速发展，支撑经济社会发展的生态环境问题日益突出、资源环境保护压力不断加大。

党的十七大首次将生态文明写入报告，党的十八大把生态文明建设提到"五位一体"的高度。生态文明理论是继十五大的"可持续发展"、十六届三中全会的"科学发展观"、十七届五中全会的"绿色发展，建设资源节约型、环境友好型社会"的"两型社会"，是一脉相承的，是发展的必然。党的十八大报告中提出："建设生态文明，是关系人民福祉、关乎民族未来的长远大计"。把生态文明建设放在突出地位，融入经济、政治、文化、社会建设各方面和全过程，是"五位一体"的发展理念。创新、协调、绿色、开放、共享发展理念，是党的十八届五中全会提出的，是高质量发展的指导思想。

二、生态文明的内涵

生态文明不同于原始社会文明、农业文化、工业文明，是遵循人与自然、人与社会、人与人和谐发展规律而取得的物质和文化成果的综合，是人与自然、人与社会、人与人和谐共生、良性循环、全面发展、持续繁荣为根本宗旨的文化形态。它不是回归原始文明，而是比原始文明、农业文明、工业文明更高的文明形态。生态文明理论是个系统（见图 2 - 1）。

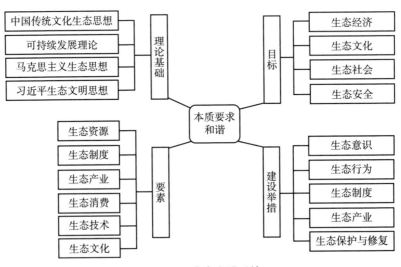

图 2 - 1　生态文明系统

（一）理论基础

1. 中国传统文化的生态思想

儒家"天人合一"的观点，强调人与自然是和谐一体，二者不可分割；孔子的"仁以处人，有序和谐"思想，是为人处世、社会和谐的思想。道家的"道法自然"，认为自然界有其自然而然的运行规律，应尊重自然规律，遵循自然规律。墨家认为，战争对森林、植被以及其他物种的破坏巨大，对自然环境和生态平衡造成恶劣影响（腾宇，2015）。传统文化助力生态文明思想的形成。

2. 可持续发展理论

从 1962 年美国海洋生物学家卡逊的著作《寂静的春天》出版，到罗马俱乐部在 1972 年发表《增长的极限》报告，再到 1992 年 6 月联合国环境与发展大会，为可持续发展理论奠定基础。从《中国 21 世纪议程》，到发展循环经济，提出科学发展观，发展"两型社会"，发展绿色经济、低碳经济，再到"双碳"承诺和高质量发展、中国式现代化，中国政府一直在推动可持续发展，从理念到实践，从经济到社会、政治再到文化和生态，无不渗透着可持续发展的思想。

3. 马克思主义生态思想

受时代条件等限制，马克思、恩格斯并未专门系统论述过生态环境等问题，生态思想仅是零星散落在其庞大思想体系之中。马克思、恩格斯认为，自然界先于人类而存在，人类起源于自然界，是自然界的一部分，人类的生存与发展离不开自然界（《马克思恩格斯选集》，1995）。

新中国成立之初，由于连年战争，中国的生态环境遭到极大破坏。以毛泽东为核心的第一代领导集体深刻认识到这种现状，提出了"保护森林，并有计划地发展林业"的方针。在多次会议、讲话和报告中，领导人都强调森林资源的重要性，要求严格保护森林资源、努力植树造林，绿化、园林化祖国。

邓小平一直很关心生态环境保护，他指出，污染问题是一个世界性问题、我们现在进行建设就要考虑处理废水、废气、废渣，污染问题必须解决（《邓小平文集》，2014）。

以江泽民同志为主要代表的领导集体确立中国走可持续发展道路新方向。党的十五大将可持续发展作为战略思想首次写入党代会报告。

以胡锦涛同志为主要代表的领导集体把建设生态文明确定为国家发展战略和全面建成小康社会的重要目标，将"生态文明"写入党的十七大报告（腾宇，2015）。

4. 习近平生态文明思想

习近平生态文明思想可归结为"十个坚持"。①坚持党对生态文明建设的全面领导。在思想引领、组织领导、制度保障、作风建设等方面全面发力，保证党的领导的政治优势贯穿始终，确保生态文明建设事业行稳致远。②坚持生态兴则文明兴。③坚持良好生态环境是最普惠的民生福祉。④坚持人与自然和谐共生，作为基本原则。对如何认识及处理人与自然的关系，明确了人与自然和谐共生中国式现代化的领导力量和根本保证，超越了过往"人"与"自然"的对立模式，开辟了人与自然相处的全新境界。⑤坚持绿水青山就是金山银山。⑥坚持绿色发展是发展观的深刻革命。⑦坚持统筹山水林田湖草沙系统治理。⑧坚持用最严格制度最严密法治保护生态环境。⑨坚持把建设美丽中国转化为全体人民自觉行动。⑩坚持共谋全球生态文明建设之路。提出立足于当今世界生态现状发出的全球倡议，携手各国秉持共商、共建、共治、共享的理念，共同应对全球生态危机、共同参与全球生态文明建设，努力构建符合全人类共同利益的全球生态文明体系，拓展人与自然和谐共生中国式现代化的全球视野（郑洪辉、王力，2023）。

习近平的生态思想为生态文明建设提供理论指导。

（二）生态文明的要素

1. 生态资源

生态资源有广义和狭义之分，广义的生态资源是指自然形成和人为作用形成的森林、草原、海洋、河流、湿地、土地等组成的可以被人类利用的总称。一切被人类和生物的生存、繁衍和发展所利用的物质、能量、信息、时间和空间，都可以视为生态资源，包括生态环境和狭义的生态资源。生态资源可以是人以外的所有要素，也可以是生存空间，可利用的信息。而生态环境是生态资源的一部分，是以人为主体，人以外的是客体，是综合体。

2. 生态制度

生态制度是利用生态资源、保护生态环境，规定人与自然相处、人的生产和生活行为的正式制度。生态资源的利用有限，不同生态资源的利用应遵循其规律。第一，矿产资源大部分是耗竭性资源，不可再生的，因此，除了《宪法》以外，还有《矿产资源法》《煤炭法》《能源法》及其配套法律法规的约束。第二，土地资源是恒定资源，可重复利用，但数量固定，地力有限，达到一定程度以后，过度开发利用，会造成土地荒漠化、水土流失、土地退化，土地生产力下降，因此由《土地管理法》及其配套法律法规的约束。第三，水可以循环再生，降雨、降雪及冰雹等（雪、冰雹融化以后，变成水）转化成地表水（部分转化成地下水），流入江河湖，最终流入大海，水通过蒸发（包括植物蒸腾作用），形成水汽，之后又迁移、遇冷变成雨、雪、冰雹等，形成循环，因此，水由《水法》及其配套法律法规调节。第四，森林和草原可以再生，但再生的速度有限，且存在着地域不同、种类不同等特点，因此，从事森林、林木的保护、培育、利用和森林、林木、林地的经营管理活动由《森林法》及其配套的法律法规调节；从事草原的保护、管理、建设和合理利用，由《草原法》及其配套法律法规调节。第五，海洋资源是一种特殊资源，是水、矿产、生物、土地的综合体，有些可以再生，如海洋生物，有些不能再生，如海洋中的矿产资源，有些则是恒定资源，如海洋中的土地，海洋中的水，既可以作为生产资料，如船的载体，也可以作为养殖的养分来源，还可以作为劳动对象，如盐化工的原料，海洋作为环境又很脆弱，所以，由《海域使用管理法》《海洋环境保护法》《海岛保护法》《海上交通安全法》《渔业法》及其配套法律法规调节。

3. 生态产业

从供给的角度来看，生产（或提供）相同（或相近）生态产品的企业的总和就是生态产业，包括有形的物质产品和无形的精神产品（劳务）的生产。从产品的设计、生产、包装、运输、贮存再到销售的全过程，都是以生态产品形式提供。生态产品通常分为三大类：一是生态物质产品，包括食物、水资源、木材、医药、生态能源及生物原材料；二是生态调节服务产品，主要包括涵养水源、调节气候、固碳、生产氧气、保持土壤、净化环境、调蓄洪水、防风固沙、授粉等；三是生态文化服务产品，包括自然体验、生态旅游、自然教育与精神健康等（董仁才等，2023）。

4. 生态消费

从消费的角度来看，人类以生态产品为消费对象，符合可持续发展的消费行为就是生态消费。生态消费具有适度性、持续性、全面性、精神性等特征。适度性是指人的生态消费受消费意愿、收入水平和资源环境供给能力的制约，因此，适度消费是理性选择的结果，不是单纯的潜在需求无限，而是有效需求＋有限供给；持续性是指人类对生态产品的消费受可持续利用的制约，不以牺牲后代人利用生态产品为代价，也不以同代人后续利用生态产品为代价；全面性是指生态消费是一种包含人的多种消费的消费模式，或者说这种消费模式能够满足人的多方面需求，如物质需求、精神需求、政治需求、生态需求等；精神性是指生态消费突出满足人的精神心理方面的需要，这与传统的追求物质的高消费有很大的区别（邱耕田，1999）。

5. 生态技术

生态技术是指既可满足人的需要，节约资源和能源，又能保护生态环境的一切手段和方法。生态技术的本质特征是其使用不会造成或很少造成环境污染和生态破坏。生态技术包括新技术、减量化技术、再利用技术和资源化利用技术四种。新技术是开发新资源、新材料、新工艺、新产品，以提高资源利用效率的技术；减量化技术是从生产源头上节约资源和减少污染的技术，如减少二氧化碳的排放和封存技术；再利用技术是指通过反复使用来减少资源消耗的技术，如废弃纸包装回收再利用技术、废旧塑料回收利用技术、废电池的回收利用技术等；资源化利用技术是指将生产过程中产生的废弃物变为有用的资源或产品的技术，如生活垃圾的资源化、无害化、无剩余化利用。

6. 生态文化

生态文化是指以崇尚自然、保护环境、促进资源永续利用为基本特征，促使人与自然协调发展、和谐共进，促进实现可持续发展的文化形态（张蓝予，2018）。生态文化包括生态标识文化、生态观念文化和生态行为文化。生态标识包括生态歌曲、生态 LOGO、生态徽章、生态口号、生态符号等；生态观念文化包括天人合一、人与自然和谐、人与社会和谐、人与人和谐思想以及有机、绿色、低碳、循环利用、节能环保、可持续发展、永续发展等从一般观念到核心观念。生态行为文化是人的行动符合生态可持续要求的行为规范，是行为方式和行为结果的积淀。

（三）生态文明目标

党的十八大报告强调，要把生态文明建设放在突出地位，融入经济建设、政治建设、文化建设、社会建设各方面和全过程；党的十九大报告指出：建设生态文明是中华民族永续发展的千年大计。党的二十大报告指出：坚持绿水青山就是金山银山的理念，坚持山水林田湖草沙一体化保护和系统治理，全方位、全地域、全过程加强生态环境保护，生态文明制度体系更加健全，污染防治攻坚向纵深推进，绿色、循环、低碳发展迈出坚实步伐，生态环境保护发生历史性、转折性、全局性变化，我们的祖国天更蓝、山更绿、水更清。党的二十届三中全会提出，完善生态文明基础体制，健全环境治理体系，健全绿色低碳治理机制。

本书从以下几方面对生态文明目标进行论述。

1. 生态经济文明

经济上，要建成生态经济文明。宏观上，投入产出的效率高，微观上，企业的经济效益高；区域上，无论是东、中、西部和东北地区之间，还是城乡之间，南方与北方之间协调发展；产业之间、产品之间、不同人群之间相互协调；从供给和需求之间来看，供给满足需求，供给内部各产业及子产业的供给，满足各产业及子产业的需求；从再生产的环节来看，生产、分配、交换、消费之间环环相扣，相互协调；人类对自然资源的需求与自然资源对人类的最大供给（承载力）之间是相互协调的；从产业来看，一、二、三产业之间，以及一、二、三产业内部是协调发展的。

2. 生态文化文明

文化上，形成生态文明。这里包括观念上，形成天人合一、崇尚自然、崇尚节俭、崇尚和谐、保护生态的理念，形成绿水青山就是金山银山，山水林田湖草海沙一体治理的理念；伦理上遵从道法自然、人与自然、人与人和谐共处的规律；行动上，保护自然、维护和谐、注重生态后果。

3. 生态社会文明

生态社会文明是指社会与生态环境融为一体、和谐相处的状态。一方面，绿色的环境、洁净的空气和水源，人类与动植物共处，鸡犬相闻，把环境融入社会中，环境是社会不可或缺的部分，人与社会、环境形成命运共同体；另一方面，人与社会、人与人之间和平相处，和谐安宁，宛然像桃花源、理想国。

4. 生态安全文明

在安全上，形成生态安全文明。生态安全是指生态系统能够安全支撑人类社会，不受威胁。一方面，生态系统支撑人类社会的发展，向人类社会提供资源和环境，使人类在生产、生活和健康等方面不受生态破坏与环境污染等影响，包括饮用水与食物安全、空气质量与绿色环境等；另一方面，人类的生产、生活不会超过生态环境的承载力，使环境质量下降、自然资源的减少和退化削弱。

生态安全具有整体性、脆弱性、长期性的特点。整体性是指生态安全是针对生态整体，不是局部的生态安全；脆弱性是指生态容易受到破坏，尤其温度比较低、水土条件差的地区更是如此；长期性是指生态安全是个长期的概念，生态风险威胁将长期存在。

当前，中国的土地退化、生态失调、植被破坏、生态多样性锐减呈加速发展趋势，生态安全已经向我们敲起了警钟。

（四）建设举措

1. 倡导生态意识

要大力宣传生态意识。生态意识是指人们对生态的世界观、方法论与价值观，其中最重要的是生态价值观与思维方式，把降碳、扩绿、循环利用、节能和有机理念融入其中。

2. 引导生态行为

生态文明不仅是一种思想和观念，同时也是一种体现社会实践的行为。在进行生态文明建设的过程中，应该引导人类的行为，协调好人与自然以及人类自身的关系。

3. 建设生态制度

生态制度是指以保护和建设生态环境为中心，调整人与生态环境关系的制度规范的总称。应该用制度来规范人类的行为，保护生态环境。

4. 构建生态产业

生态产业，包括生态工业、生态农业、生态旅游业及环保产业、生态服务业在内，是生态文明的物质基础。

5. 生态保护与修复

生态具有脆弱性，所以需要保护。生态保护可用技术来保护，也可用制度来保护，前者用技术方法，保护脆弱的生态，后者用制度建设来保护——制定生态保护法律法规以及设立保护地体系、生态保护红线。

生态修复是指利用生态系统的自我恢复能力，以天然恢复为主，辅以人工措施，使遭到破坏的生态系统逐步恢复的过程。

第三章　自然资源开发监管理论

第一节　自然资源开发监管概述

一、自然资源开发监管的含义

（一）自然资源开发监管

自然资源开发监管是自然资源部门依法对自然资源开发主体（资源勘查、开发单位和个人）的活动进行直接干预的行为。

自然资源开发监管包括经济性监管和社会性监管。经济性监管主要包括资源勘查成果与资源品价格监管、自然资源市场进入与退出监管、自然资源开发利用投资监管；社会性监管主要包括生产安全监管、生态环境监管和矿工的卫生健康监管等。从国际经验来看，加强监管和放松监管并存：经济性监管具有放松的趋势，而社会性监管具有强化的趋势。

（二）自然资源开发监管体制

在《现代汉语小词典》中，"体"指人的身体，有时指身体的一部分，或者指文字的书写形式、作品的体裁。"制"是指规定或用强力约束、限制、管束。将两个字结合起来，是指国家机关、企业、事业单位等的组织制度（中国社科院语言研究所词典编辑室，1983）。体制是社会活动的组织体系和结构形式，包括特定社会活动的组织结构、权责划分、运行方式和管理规定等（越理文，2009）。管理的体制是规定中央、地方、部门、企业在各自方面的管理范围、权限职责、利益及其相互关系的准则，它的核心是管理机构的设置。各管理机构职权的分配以及各机构间的相互协调，它的强弱直接影响管理的效率和效能，在中央、地方、部门、企业整个管理中起着决定性作用。

自然资源开发监管体制是政府部门依法对自然资源开发主体（自然资源勘查、开发企业和个人）的活动进行直接干预的组织制度，包括对自然资源开发行为进行监管的组织结构、权责划分、运行方式和管理规定等。

二、自然资源开发监管机理

1. 自然资源开发监管主体

根据中办、国办印发《全民所有自然资源资产所有权委托代理机制试点方案》（2022），自然资源开发监管主体即自然资源开发监管机构包括以下几个主要部门（见图 3-1）。

（1）自然资源部。自然资源部统一行使全民所有自然资源资产所有者职责，统一行使所有国土空间用途管制和生态保护修复职责，统一调查和确权登记；建立空间规划体系并监督实施，对自然资源开发利用和保护进行监管，建立自然资源有偿使用制度等。

（2）国家发展和改革委员会（以下简称国家发改委）。国家发改委主要职责是能源（石油、天然气）的勘探与开发的审批、矿山建设的投资监管与能源产品的价格监管。

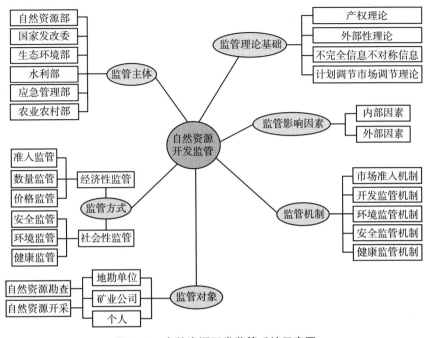

图 3 – 1　自然资源开发监管系统示意图

（3）生态环境部。生态环境部主要负责生态环境质量的监管。其职能是统一行使生态和城乡各类污染排放监管与行政执法职责，切实履行监管责任，全面落实大气、水、土壤污染防治行动计划。构建政府为主导、企业为主体、社会组织和公众共同参与的生态环境治理体系，实行最严格的生态环境保护制度，严守生态保护红线和环境质量底线，坚决打好污染防治攻坚战，保障国家生态安全，建设美丽中国。

（4）应急管理部。应急管理部的职责是组织编制国家应急总体预案和规划，指导各地区各部门应对突发事件工作，推动应急预案体系建设和预案演练。建立灾情报告系统并统一发布灾情，统筹应急力量建设和物资储备并在救灾时统一调度，组织灾害救助体系建设，指导安全生产类、自然灾害类应急救援，承担国家应对特别重大灾害指挥部工作，指导水旱灾害、地质灾害等防治。

（5）水利部。水利部负责加强水资源合理利用、优化配置和节约保护。坚持节水优先，从增加供给转向更加重视需求管理，严格控制用水总量和提高用水效率。坚持保护优先，加强水资源、水域和水利工程的管理保护，维护河湖健康美丽。坚持统筹兼顾，保障合理用水需求和水资源的可持续利用，为经济社会发展提供水安全保障。

（6）农业农村部。农业农村部涉及自然资源的种植业、牧业、渔业的投资、开发利用管理；农垦局管理；长江流域渔政监督管理；组织农业资源区划工作；指导农用地、渔业水域以及农业生物物种资源的保护与管理，负责水生野生动植物保护、耕地及永久基本农田质量保护工作。指导农产品产地环境管理和农业清洁生产；指导设施农业、生态循环农业、节水农业发展以及农村可再生能源综合开发利用、农业生物质产业发展。牵头管理外来物种。

（7）交通运输部。交通运输部负责水路建设和运输市场监管工作、海上搜救。

2. 自然资源开发监管客体

自然资源开发监管的客体是自然资源的勘查、开发单位和个人的行为。

3. 自然资源开发监管依据

自然资源监管的依据是法律规章，如《宪法》《民法典》《行政许可法》《安全生产法》《环境保护法》《劳动法》等基础性的法律，《矿产资源法》《煤炭法》《能源法》《土地管理法》《森林法》《水法》《海洋环境保护法》《海域使用管理法》《深海海底区域资源勘探开发法》《矿山安全法》等专业性的法律，以及相配套的实施细则、行政性法规、标准和部门规范性文件。

4. 监管方式

经济性监管和社会性监管（吴文盛，2011）。经济性监管是指存在于垄断和信息不对称问题的部门，以防止无效资源配置的发生和确保需求者的公平利用为主要目的，通过被认可和许可的各种手段，对企业的进入、退出、价格、服务的质量以及投资、财务、会计等方面的活动进行的监管。从世界范围来看，经济性监管逐步放松，如中国原来实行审批制，现在实行负面清单制。

社会性监管是以保障劳动者和消费者的安全、健康、卫生、环境保护、防止灾害为目的，对产品和服务的质量和伴随着提供产品和服务而产生的各种活动制定一定标准，并禁止、限制特定行为的监管。社会性监管的目的：一是限制负外部性活动，保障人类社会可持续发展；二是激励正外部性活动，促进社会全面发展；三是保障信息劣势方的利益。

社会性监管包括以下三个方面：

第一，安全生产监管。安全生产关系人民群众生命安全和国家财产安全，关系到企业和国家经济建设能否顺利进行，关系改革发展和社会稳定大局，因此，加强自然资源安全生产监管意义重大。

第二，环境保护。一是要加强自然资源开发过程的监管，预防自然资源开发引发灾害、物种灭绝，防止自然资源开发造成环境污染和生态环境破坏；二是要做好生态环境综合治理，包括灾害治理、环境污染治理、生态环境恢复与土地复垦等；三是建立自然生态环境破坏的责任追究制度。

第三，职业病防治工作。主要是在恶劣环境下工作，如矿工长期在潮湿、噪声、阴暗、灰尘、高寒、高热、干旱以及可能缺氧等特殊环境下作业，容易引起职业病，因此，必须加强职业病防治工作。

第二节　自然资源产权理论

一、产权含义

产权是"舶来品"。在英语中 property 包含多种含义：（1）财产、资产和所有物的总称；（2）指地产、房产；（3）指财产权和所有权，亦即"property right"。产权通常是指第三种含义，即包括财产权和所有权在内的产权。

E. G. 菲吕博腾和 S. 配杰威齐定义的产权被最多的学者接受。E. G. 菲吕博腾和 S. 配杰威齐指出，产权不是人与物之间的关系，而是指由于物的存在和使用而引起的人们相互之间认可的行为关系。产权安排确定了每个人相对于物时的行为规范，每个人都必须遵守他与其他人之间的相互关系，或承担不遵守这种关系的成本。

从法律角度来看，产权即财产权，包括物权、债权和股权。

物权是一种所有权，是指对物的直接的、排他性的支配权，是权利人依法对物享有的直接支配并排除他人干涉的民事权利。物权中所谓的"物"应当是有体物，是有形财产，包括不动产和动产。不动产包括土地、房屋、桥梁、隧道、林木等地上附着物；动产是指不动产以外的财产，例如汽车、家用电器、衣物等。物权是一种财产权，权利人一旦对一定的财产享有物权，其他任何人都不得非法干预。对此，《民法典》第二百零七条规定：国家、集体、私人的物权和其他权利人的物权受法律平等保护，任何组织或者个人不得侵犯。

债权是一种请求权，即债权人要求债务人还本付息的权利；股权是随着经济发展，实物形态与价值形态发生分离而出现的一种新的财产权，即直接地、排他性地支配价值形态的财产（如股票）而间接地、有条件地支配实物形态财产的权利（韩志国，1994）。

从所有制关系的角度来看，产权是由所有权关系派生出来的对财产控制、管理、处理、转让的一种权利关系体系。实际上，产权是财产关系或所有制关系在法律上的反映，它包括狭义的所有权、占有权、支配权、使用权以及收益权、转让权等权利。

二、自然资源所有权

所有权，有广义和狭义之分。广义的所有权，是指所有权人依法对自己的财产享有的占有、使用、收益和处分的权利，它是最为重要的物权形式。具体内容包括占有、使用、收益、处置四项权能。

2016年10月，中共中央办公厅、国务院办公厅印发《关于完善农村土地所有权承包权经营权分置办法的意见》，将土地的产权制度由"两权"分设为"三权"，这里的所有权是指终极的所有权。2018年《中共中央　国务院关于实施乡村振兴战略的意见》提出："完善农民闲置宅基地和闲置农房政策，探索宅基地所有权、资格权、使用权""三权"分置，所讲的所有权也是终极的所有权。因此，在广义的所有权定义中，增加终极所有权（即狭义所有权），即广义所有权包括终极所有权、占有权、使用权、收益权、处置权，更能说明问题。所有权最重要，由所有权派生出其他各项权利。

自然资源国家所有权是国家对自然资源享有的占有、使用、收益和处分的权利（王克稳，2019），自然资源产权权能包括产权主体实现其既有的所有权、使用权、处分权、收益权的能力（谷树忠，2019）。按照马克思主义的观点，广义的自然资源所有权，还应包括终极所有权（狭义所有权），也就是说，自然资源所有权的内涵包括终极所有权、占有权、使用权、处置权和收益权，俗称"五权"。所有权能派生出其他权能，终极所有权、占有权、使用权、处置权和收益权从不同的角度体现自然资源所有权。这"五权"是自然资源基本的权能，对于具体的自然资源资产，产权权能还可以进一步细化。在所有权权能中，使用权是自然资源的使用，收益权自然资源使用而获得的收益，是所有权的体现。从一定程度上说，终极所有权、使用权和收益权比占有权更重要。

《宪法》第九条规定矿藏、水流、森林、山岭、草原、荒地、滩涂等自然资源，属于国家所有，即全民所有；《民法典》第247～251条则规定了各种自然资源的国家所有权，还明确了法律规定国家所有即全民所有，国有财产由国务院代表国家行使（席志国，2020）；各单行自然资源法对自然资源所有权及其行使做了相关规定，基本形成了以

《民法典》为主，以《土地管理法》《矿产资源法》《水法》《森林法》等为辅的自然资源产权管理法律体系（邓岩等，2013）。

《民法典》第二百四十七条规定："矿藏、水流、海域属于国家所有。城市的土地，属于国家所有。法律规定属于国家所有的农村和城市郊区的土地，属于国家所有。森林、山岭、草原、荒地、滩涂等自然资源，属于国家所有，但法律规定属于集体所有的除外"（席志国，2020）。

《矿产资源法》明确，"矿产资源属于国家所有，由国务院行使国家对矿产资源的所有权"；《土地管理法》明确，"全民所有，即国家所有土地的所有权由国务院代表国家行使"。

《水法》第三条指出：水资源属于国家所有。水资源的所有权由国务院代表国家行使。农村集体经济组织的水塘和由农村集体经济组织修建管理的水库中的水，归各该农村集体经济组织使用（黄鹏飞等，2008）。

《中华人民共和国海域使用管理法》第三条：海域属于国家所有，国务院代表国家行使海域所有权。任何单位或者个人不得侵占、买卖或者以其他形式非法转让海域。

所以，自然资源所有权的主体：国家所有，国务院代表，具体由自然资源部负责。具体法律规定属于集体的森林、山岭、草原、荒地、滩涂等自然资源，以及农村集体经济组织的水塘和由农村集体经济组织修建管理的水库中的水，归各该农村集体经济组织使用除外。自然资源资产所有权的客体是：土地资源、矿产资源、水资源、森林资源、草原资源、湿地资源、海洋资源和自然保护地资源八大类自然资源。自然资源属于国家所有。

三、自然资源所有权内容

（一）八种全民所有自然资源所有权内容的细化

根据马克思的所有权理论，全民所有自然资源所有权的内容包括终极所有权（即狭义所有权）、占有权、使用权、处置权和收益权这五种权利，但具体到每一种自然资源，其内容又有区别。

1. 土地资源所有权内容的细化

土地资源所有权的内容包括终极所有权、土地使用权（地下空间建设用地使用权、地面建设用地使用权）、地役权、收益权。土地承包经营权包括占有权、使用权、部分收益权（见表3－1）。当土地的终极所有权和经营权发生分离以后，土地的所有权又派生出土地的管理权。

表3－1   自然资源所有权的内容细化

资源类型	所有权内容
土地资源	终极所有权、土地使用权（地下空间建设用地使用权、地面建设用地使用权）、农户土地承包权、地役权、收益权、管理权。土地经营权包括占有权、使用权、部分收益权。土地使用权中，要特别关注矿山用地、森林用地、草原用地、湿地用地和自然保护地用地
矿产资源	终极所有权、矿业权（探矿权、采矿权）、探采合一权利、收益权、管理权。矿产资源经营权包括占有权、探矿权、采矿权、部分收益权
水资源	终极所有权、占用权、使用权、处分权、收益权和管理权。使用权再进一步分化为：航运权、捕捞权、养殖权、水能开发权、用水权、水环境权（水清洁权）；处分权再进一步细分为：用水分配权、汲水权、引水权、蓄水权、排水权。经营权包括占用权、使用权、部分收益权
森林资源	终极所有权（林地及森林或树木）、森林或林木采伐权、经营权、收益权、管理权；林下动植物资源的种植养殖、采集、狩猎。经营权包括林地承包经营权、森林或林木经营权和林下动植物资源的经营权
草原资源	终极所有权、使用权、收益权、承包经营权、管理权
湿地资源	终极所有权、传统自然湿地资源的占有权、使用权、处置权、收益权、管理权；湿地产品的所有权、占有权、使用权和处置权；湿地取水权、排污权；收益权。经营权包括湿地的养殖权、处置权
海洋资源	终极所有权、海洋资源使用权（海域使用权和海洋资源开发利用权）、占有权、处置权、收益权、管理权。海域使用权包括渔业权（养殖权、捕捞权）、海上建筑权（围海造堤倾倒垃圾、修建防潮堤坝等）、海底利用权、交通权；海洋资源开发利用权包括盐业权及海洋化工权（海水汲水权）、海洋能利用权（海水发电、海洋风能利用）、矿业权（探矿权、采矿权）、旅游开发利用权）

资源类型	所有权内容
自然保护地资源	自然保护地是土地资源、水资源、森林资源、草地资源、湿地资源的综合，其所有权内容，除了终极所有权外，是自然保护地内几种资源的权利的叠加

2. 矿产资源所有权内容的细化

中国对矿产资源所有权研究得比较深入。广义矿产资源所有权的内容包括终极所有权、矿业权（即矿产资源的使用权，含探矿权、采矿权；油气的使用权包括探采合一权利）、占有权和处置权、收益权。探矿权还可以细分成普查、详查、勘探三个阶段的权利。当矿产的终极所有权和经营权发生分离以后，矿产的所有权又派生出矿产资源的管理权。

3. 水资源所有权内容的细化

广义的水资源所有权的权利比较复杂。一般的水权包括终极所有权、占有权、使用权、处分权和收益权。但水资源包括地下水和地表水两种，地下水按照液体矿产对待；地表水的使用又可以分成损耗性使用和非损耗性使用，前者如工农业和居民生活的使用，后者如航运、养殖、水能开发、洁净水环境。因此，除终极所有权外，水资源的经营权包括占用权、使用权、处分权以及部分收益权；水资源使用权还包括航运权、捕捞权、养殖权、水能开发权、用水权、洁净水环境权；水资源的处分权还包括用水分配权、汲水权、引水权、蓄水权、排水权。当水资源的终极所有权和经营权发生分离以后，水资源的所有权又派生出水资源的管理权。

4. 森林资源所有权内容的细化

森林资源所有权的内容，跟林地所有权关系密切。森林资源所有权分成两种：一种是含林地的所有权，林地所有权包括全民所有林地和集体所有的林地；另一种是不含林地的所有权，即林地所有权已经包含在土地所有权中，仅仅考虑的是林地上的森林资源。因此，森林资源所有权包括林地所有权、森林或林木所有权、森林或林木使用权、采伐权、收益权，林地的承包经营权，林下动植物资源的种养殖权、采集权、狩猎权、经营权。

5. 草原资源所有权内容的细化

除法律规定属于集体所有的草原之外，草原属国家所有，即全民所有。中国《草原法》第九条规定：草原属于国家所有，由法律规定属于集体所有的除外。"国家所有的草原，由国务院代表国家行使所有权"。

全民所有草地资源所有权的内容包括：草地所有权（狭义）、使用权、收益权和承包经营权。承包经营权包括草地的占有权、使用权、处置权和部分收益权。当草原资源的终极所有权和经营权发生分离以后，草地的所有权又派生出草地的管理权。

6. 湿地资源所有权内容的细化

湿地资源所有权的内容，包括终极所有权、传统自然湿地资源的占有权、使用权、处置权、收益权；湿地产品的所有权、占有权、使用权和处置权；湿地的取水权、排污权；收益权。当湿地的终极所有权和经营权发生分离以后，湿地的所有权又派生出湿地的管理权。

7. 海洋资源所有权内容的细化

海洋资源所有权的内容，包括终极所有权、海洋资源使用权、占有权、处置权和收益权。海洋资源使用权包括海域使用权和海洋资源开发利用权，前者，包括渔业权（养殖权、捕捞权）、海上建筑权（围海造堤倾倒垃圾、修建防潮堤坝等）、海底利用权、交通权，后者包括盐业权及海洋化工权（海水汲水权）、海洋能利用权（海水发电、海洋风能利用）、矿业权（探矿权、采矿权）、旅游开发利用权。当所有权与使用权分离后，海洋资源所有权又派生出管理权。

8. 自然保护地所有权内容的细化

自然保护地是个综合体，其所有权的内容比较复杂。按生态价值和保护强度高低，中国自然保护地包括国家公园、自然保护区及自然公园 3 种类型。

自然保护地是上述多种资源的组合体，由几种资源组成。比如，森林公园，包含土地资源、森林资源（含动植物资源），还可能包含水资源、草地资源、湿地资源等。因此，自然保护地资源的所有权内容包括：终极所有权、占有权、使用权、处置权和收益权。具体由其要素的所有权组合而成。当自然保护地的终极所有权和经营权发生分离以后，自然保护地的所有权又派生出自然保护地的管理权。

（二）自然资源所有权和一般商品所有权的区别与联系

1. 区别

（1）自然资源是天然形成的，对人类有用的，而一般商品是人类加工的产物。

（2）自然资源所有权，具有垄断性，垄断主体是政府，而一般商品所有权具有竞争性，单位和个人都可以拥有。

（3）自然资源的出让只是出让使用权，只能发生在一级市场，而一般商品的出售，不仅出售使用权，而且出售所有权，一般发生在二级市场上。

（4）自然资源使用权让渡是单方向的，只能由政府向企业、事业单位转移，因此只能叫作出让，而一般商品的交易可以是企业、事业单位的双向转移。

（5）有些自然资源只能作为公益事业，由政府来提供，由多数人来享用更合适，如自然保护地资源、生态产品，而一般商品属于私人产品，不存在这个问题。

（6）自然资源所有权的行使主体是国家，其地位无法变的，而一般商品所有权的行使主体是企、事业单位，其地位可以改变。

2. 联系

自然资源所有权和一般商品所有权都属于民事行为，遵循《民法典》；在二级市场上，自然资源的产品和一般商品一样，都遵循价值规律，受市场调节。当供大于求，价格下跌，当供不应求，价格上涨；市场上按照一般的竞争规则展开竞争，价格由市场决定。

第三节　委托代理理论

委托代理理论是 20 世纪 30 年代美国经济学家伯利和米恩斯提出的，对所有权和经营权分离进行探讨，倡导企业所有者让渡经营权，而保留剩余索取权。本书是基于《民法典》对委托代理的定义。

在汉语中，委托是把事情交给他人或机构来做，是指委托他人代表自己行使自己的合法权益，委托人在行使权力时需出具委托人的法律文书，而委托人不得以任何理由反悔委托事项。被委托人如果做出违背国家法律的任何权益，委托人有权终止委托协议。在委托人的委托书上的合法权益内，被委托人行使的全部职责和责任都将由委托人承担，被委托人不承担任何法律责任。

代理是暂时代替他人做某事情，是指代理人以被代理人（又称本人）的名义，在代理权限内与第三人（又称相对人）实施民事行为，其法律后果直接由被代理人承受的民事法律制度。代理人在代理权限范围内实施代理行为。代理人以被代理人的名义进行代理行为。代理主要是实施民事法律行为。被代理人对代理人的行为承担民事责任。

委托与代理的区别：

（1）行使权利的名义不同，代理包括委托代理、法定代理、指定代理三种类型，法定代理和指定代表是由法律规定的。而委托是指双方当事人在诚信的基础上，通过合同的方式确定进行的民事法律活动。

（2）从事的事务不同（黄鹏飞等，2008）。代理涉及的行为以意思表示为要素，故代理的一定是民事法律行为；委托不要求以"意思表示"为要素，因此委托从事的行为可以是纯粹的事务性行为。

（3）代理涉及三方当事人，即被代理人、代理人、第三人；委托则属于双方当事人之间的关系，即委托人、受托人。

第四节　自然资源监管理论

一、自然资源监管的原则

1. 国家经济社会安全原则

自然资源是国民经济社会安全稳定发展最重要的物质基础，因此，自然资源作为经济要素，其投入使用，要确保经济安全，供应链稳定；作为生态要素，其投入使用，要确保生态安全和社会安全。自1956年中国科学院在广东省鼎湖山建立第一个自然保护区至今，中国已建成包括国家公园、自然保护区及自然公园3种类型的自然保护地，建立各级各类自然保护地1.18万处，占国土陆域面积的18%、领海面积的4.6%[①]。自然保护地的建立，对确保国家经济社会安全起到重要作用，因此，自然资源监管，要考虑国家经济社会安全。

2. 有偿使用原则

从企业来看，企业是以利润最大化为目的的，利润＝产品销售收入－成本，成本即为企业的投入，包括原材料、辅料、燃料动力、人力等，企业通过交换，从市场有偿获取原材料、辅料、燃料动力。那么，进入市场的生产要素，作为成本，也不可能是零。从可持续发展的角度来看，作为生产要素的自然资源，其维护、培育、取得也需要成本。从国际比较来看，美日英俄等主要国家自然资源所有权的实现，也采取有偿使用形式。因此，遵循有偿使用原则是自然资源所有权实现的基本原则。

---

① 自然保护地，（2019－04－02）［2024－10－09］．https：//baike. so. com/doc/3007340 0－31693883. html.

3. 自然资源特性原则

对自然资源所有权的监管，要遵从自然资源的特点。自然资源是自然作用的结果，是天然形成的。自然资源的特征决定了自然资源监管的方式。

4. 所有权权能分离与组合原则

广义自然资源所有权包含终极自然资源所有权、占有权、使用权、处置权和收益权。根据产权理论，其他权能可以和狭义的所有权发生分离，并进行不同的组合，形成不同的所有权实现形式，如在市场上，经营权与终极所有权发生分离后，经营权包括占有权、使用权和部分收益权，所有权的实现可以是招标、拍卖和挂牌上市，也可以是承包和租赁经营，还可以在二级市场上的独资、合资、参股、控股、抵押等方式实现。对有些不能进入市场的自然资源，如政府、军队、外事、重大工程及公共利益需要的自然资源，可以通过审批的方式实现。甚至可以通过委托代理的方式，中央政府委托地方政府代理所辖区域内的部分自然资源的监管。

5. 责权利相统一原则

为调动各方的积极性，对自然资源的实现形式，实行责、权、利对应原则，有权就有责，有责就有利，有多大权，就有多大责，也给予相应的利。这是自然资源监管的需要。

6. 经营和管理分开原则

自然资源经营是企业的责任，遵循的是经济效益原则；而自然资源的监管是所有者的责任，遵循经济效益、社会效益和生态效益相结合原则，确保保值增值、人民福祉提高、环境优美三者的统一。自然资源的经营和监管遵循的原则不同，因此，两者要分开。

二、中央政府部门间的分工合作

自然资源所有权，由国务院代表，具体由自然资源部统一行使所有权。在现有的体制下，战略性、公益性自然资源所有权，是保障国防、经济及生态安全的基石，其所有权职责应当由中央政府统一行使（张帆等，2023）。除所有权外，占有权、使用权、处置权及收益权由自然资源部委托相关部委行使。战略性矿产、国防用地由自然资源部行使；国有重点林区，具有重要生态功能的湿地、草地、珍稀野生动植物种，以及国家级自然保护区、跨行政区的国家公园等，由国家林业和草原局行使；大江、大河、大湖和跨境河流，由水利部统一行使；重大能源的投资，由国家发改委行使；自然资源的收益由财政部行使；生态环境的监管由生态环境部行使；农业用地的监管由农业农村部行使；交通运输部海事局负责水上交通安全监督管理、船舶及相关水上设施检验和登记、防止船舶污染和航海保障等行政管理和执法职责（见图3-2）。

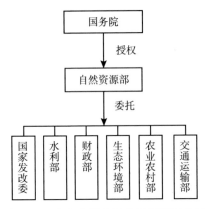

图3-2 中央各部委间的委托代理关系

三、央地政府间的监管分工

政府对自然资源的监管，沿着两个路径展开：一是对下级政府行为的监管。由于中央政府不可能对所有的自然资源进行监管，也不可能包揽所有的自然资源管理事务，因此，通过上下级政府间委托-代理或直接审批方式完成自然资源的监管。二是通过市场，由企业来完成自然资源的运作，所以，需要对企业进行监管。

自然资源资产所有权的实现途径，是充分发挥政府和市场在配置资源中的作用。一是通过政府体系的委托代理的实施来实现，二是通过行政审批，三是通过自然资源资产市场的运作来实现，将遵循经济效益、社会效益和生态效益原则的政府计划配置资源转变成为遵循效率原则的市场配置资源。

（一）委托代理

中央政府委托省级政府管理辖区内（全部或部分）自然资源资产，省级政府委托市政府管理辖区内（全部或部分）自然资源资产权利（除终极所有权），属于委托关系；中央政府、省级政府和市政府授权本级政府自然资源管理部门负责自然资源资产的管理，属于授权关系。具体的管理上，有两种基本的模式：模式一：逐级委托。国务院委托省级政府负责管理辖区内的全民所有自然资源资产，再由省级政府授权省级自然资源管理部门具体负责辖区内的自然资源资产管理，省级政府与省级自然资源管理部门之间是授权关系；省级政府再次委托市政府管理市级范围内的全民所有自然资源资产，市政府授权市自然资源管理部门具体管理辖区内的全民所有自然资源资产，市级政府与市级自然资源厅管理部门之间是授权关系。模式二：直接委托。国务院直接委托省级政府和市级政府各自管理辖区内的自然资源资产，省级政府授权省级自然资源管理部门，市级政府授权市级自然资源管理部门，本着责权利相匹配原则，分工合作（见图3－3A、图3－3B）。

适合模式一的自然资源有：土地、矿产、水和海洋。城镇土地是国有的，法律规定属于国家所有的农村和城市郊区的土地，属于国家所有。城区在不断扩大，需要将集体土地通过征地方式转化成国有土地，而且土地资源利用矛盾较多较大，因此，土地只委托省级政府管理。除了涉及国家战略性矿产资源外，其他的大部分矿产资源的管理权已经下放到省自然资源厅，少部分（如河沙、取土、石料）由原来的县级自然资源与规划局负责，可将原来的县级管理权移交到市自然资源与规划局，或者县级自然资源与规划局作为市级自然资源与规划局的补充，省自然资源厅所管辖的矿产资源不变。水是重要的自然资源，涉及多省份、多地区，按流域管理最合适，由水利部—省水利厅—水利局模式来管理更科学。海洋资源是个综合资源，包含海域使用（生物资源、空间资源利用、海上交通）和海洋资源开发利用（海水利用、能源利用、海洋矿产开发利用、旅游开发）等，海洋还涉及国家利益和安全，采用逐级委托方式更合适。

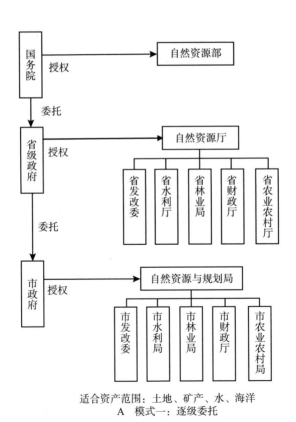

适合资产范围：土地、矿产、水、海洋
A 模式一：逐级委托

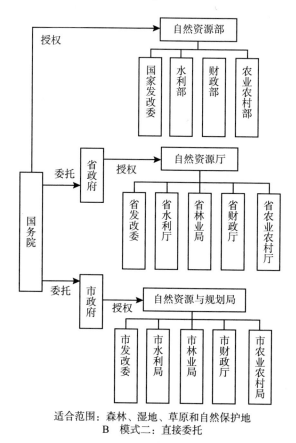

适合范围：森林、湿地、草原和自然保护地
B 模式二：直接委托

图 3 – 3 委托代理基本形式

适合模式二的自然资源有：森林、湿地、草原和自然保护地。森林、湿地、草原和自然保护地等地域性较强的自然资源，可由国家林业和草原局直接委托市政府管理；自然保护地分国家及以上级、省级、市和县级，在申请和批准时就明确其范围，因此，省级的自然保护地，可由自然资源部委托省级政府管理，市及县级自然保护地，可由自然资源部委托市政府管理。

以安徽省为例，从 2021 年 8 月开始，安徽省滁州市、六安市和黄山市实行全民所有自然资源所有权委托代理机制试点，试点内容包括森林、草原和湿地三种自然资源，并于 2023 年 9 月结束。各试点城市制定了实施方案，目标是到 2023 年，基本建立统一行使、分类实施、分级代理、权责对等的全民所有森林、草原和湿地资源所有权委托代理机制，产权主体全面落实，管理权责更加清晰，"家底"基本摸清，保护更加有力，资源配置更加合理高效，收益管理制度更加完善，考核评价制度初步建立，所有者权益得到有效维护，为全面实行统一行使所有者职责积累实践经验。

从实践来看，试点符合模式二，也更加符合责权利相统一的原则。

（二）审批制

政府、军队、重大工程等以及公益事业需要用到自然资源，政府可以采用审批制，按非市场运作方式进行管理。

四、政府对市场的监管

二级市场上，政府部门针对不同的自然资源的特点，采取类似于一般商品市场交易的管理方式，因此，自然资源的二级市场具有竞争性，竞争主体是企、事业单位。现实生活中，自然资源市场体系发育不健全，差异较大：土地和矿产资源的一级市场和二级市场较为完善，水资源和林木资源的二级较为发育，但一级市场不发育，草原和湿地资源的一级、二级市场不发育，因此，下一步的重点是培育市场体系和市场主体，培养市场行为习惯。

（一）一级市场有偿出让

有偿出让是政府将经营权（占有权、使用权、处置权和部分收益权）的全部或部分有偿出让给企业。值得注意的是，有偿出让是单向的，即政府出让给企业。

从所有者对企业来看，所有权实现形式：招、拍、挂，即终极所有权归全民所有，通过招标、拍卖等有偿出让方式，将全民所有的自然资源出让给企业经营。甚至所有者可以通过承包、租赁的方式，将自然资源的经营权承包或租赁给企业或专业性公司经营。这种做法通常是在自然资源一级市场发生（见表3-2）。

表3-2　　　　　　　　　自然资源一级市场

资源类型	一级市场
土地资源	进入一级市场的国有土地使用权主要有两种：政府征用农村集体所有土地为国有土地和依法收回的国有土地使用权。 有偿出让方式为招标、拍卖、挂牌。 政府和军事用地、外事用地、城市基础设施用地和公益事业用地，国家重点扶持的能源、交通、水利等项目用地，法律、行政法规规定的其他用地确属必需的，可以根据《中华人民共和国土地管理法》依法批准划拨。为无偿划拨，也是在一级市场发生
矿产资源	矿业权（探矿权、采矿权）、探采合一权利有偿出让的市场，以招、拍为主的方式出让。矿业权、探采合一权利实际上是矿产资源的使用权
水资源	水资源有偿出让的市场，采取招、拍、挂形式。流域水资源管理委员会或政府有关部门将水资源使用权出售给水资源使用机构或个人
森林资源	主要是林木的采伐许可证管理。国家林业和草原局、省林业局、市林业局对辖区内林木的采伐许可证进行管理。此外，对林下经营和产品出售的审批
草地资源	草地资源的出让采取招、拍、挂形式
湿地资源	湿地使用权有偿出让。湿地取水权、水域滩涂养殖权，湿地内林权、采矿权、土地承包经营权的出让，湿地产品的出让（所有权、占有权、使用权和处置权）审批，排污权审批
海洋资源	滩涂养殖承包15年；海洋矿产按照矿产资源管理
自然保护地资源	没有市场交易。自然保护地开发的审批，自然保护地内的自然资源产品可以进行交易（包括所有权和经营权），由林草管理部门审批

一级市场上对自然资源的监管，实际上是通过出让的相关规定来实现监管的。

（二）所有者收取租金

租金，又称权利金，是指所有权收益（见表3-3）。租金包括绝对租金、级差租金和垄断租金。绝对租金是指无论租用自然资源的好坏，只要租用自然资源就必须向所有者缴纳的租金。级差租金是指租用条件较好的自然资源而必须缴纳租金，包括级差租金Ⅰ和级差租金Ⅱ，其中，级差租金Ⅰ是天然形成的自然资源条件较好（丰度较高或距市场近）的而必须向所有者缴纳的租金，级差租金Ⅱ是租用者因为投资而改善了自然资源开发条件，在租约期内不用向所有者缴纳的租金，但租约期结束以后，这种改善了的自然资源条件属于所有者，因此，所有者可能向租借者收取租金；垄断租金是由于对自然资源的垄断，使自然资源产品的价格高于正常价格而形成的租金。

表3-3 全民所有自然资源收益

资源类型	租金	税收	利润	收费
土地资源	国家所有	土地税	投资方所有	保留少量的收费项目，作为政府管理的抓手，如矿山恢复治理基金
矿产	国家所有	资源税		
水	国家所有	水资源税		
森林	国家所有	林木税		
草地	国家所有			
湿地	国家所有			
海洋资源	国家所有	资源税、海洋工程环境保护税		
自然保护地	国家所有			

应该指出的是，租金是针对所有自然资源进入市场都要收取的，包括土地（农业用地、城市的建筑用地）和地下空间、矿产资源、陆地的水资源、森林资源、草地资源、湿地资源、海洋资源和自然保护地资源。现在用得比较好的是农业租金、建筑地段租金、矿租（包含绝对租金、级差租金和垄断租金三种类型租金），对其他自然资源领域的应用，还在探索阶段。

收取租金的比例，目前没有统一的标准。确定自然资源的租金，要分析自然资源的租、税、利、费的比例，不能造成企业的过度负担。

（三）市场经营获得收益

绝大多数国家对公有自然资源采取有偿使用制度。在各种资产收益方式中自然资源出租收益占 70% ~ 80%，各国都逐渐减少或停止采取出售公有自然资源以获取一次性资源收益的方式（张帆等，2023）。

单纯从企业的角度来看，所有权实现形式：终极所有权归全民所有，所有者采取独资、合资、股份制（股份有限公司和有限责任公司），都是全民所有自然资源所有权的实现形式，因为，采取独资、合资、股份制是通常所说的企业组织形式，或者是企业的资本组合形式。这里，政府以自然资源的所有者身份独资、合资、入股，其行为纯粹属于市场行为。这种行为，可由某个机构代表所有者履行职责。

适合通过市场经营，以独资、合资、股份制形式的自然资源或自然资源产品如表 3-4 所示。

表 3-4　　　　　　适合二级市场经营的自然资源

资源类型	二级市场经营	方式	经营收益
土地	土地使用权的转让或再转让市场。国有土地作价出资或入股，国有土地租赁、抵押、互换、转让或其他方式流转	独资、合资、股份制	独享或分成
矿产	矿业权、探采合一权利转让市场。依法出售、作价出资（包括合资、合作经营和矿业股票上市）等形式，将探矿权、采矿权、探采合一权利转让与他人的行为	独资、合资、股份制	独享或分成
水	持有水权的各个经济主体，根据实际需求在二级市场上让渡或者购买水资源使用权利	独资、合资、股份制	独享或分成
森林	有偿转让、抵押；林下产品的经营	独资、合资、股份制	独享或分成

资源类型	二级市场经营	方式	经营收益
草地	草地资源经营权的转让、入股、出租、抵押	独资、合资、股份制	独享或分成
湿地	湿地经营权流转，包括土地承包权、水域滩涂养殖权、取水权、林权、采矿权	独资、合资、股份制	独享或分成
自然保护地	自然保护地资源产品	独资、合资、股份制	独享或分成

具体的经营模式（唐文倩，2017）：

（1）基金会委托代理模式。

基金会委托代理模式是地方政府委托基金会代理的模式。经过政府委托，基金会代表政府管理和保护自然资源。其优点是基金会利用已有的成熟机制，实现自然资源的专业化管理和保护、透明化监督，有利于实现自然资源的高效利用和环保效益的最大化。例如，国家林业和草原局委托中国绿化基金会，专门负责生态公益林等自然资源的管理和保护工作。

（2）合资共营模式。

合资共营模式是地方政府与公司共同出资、共同经营的模式。地方政府委托国有企业或者其他企业经营，企业通常负责具体的开发、经营和管理工作，而地方政府则负责提供必要的支持和协调工作。这种模式提高了自然资源开发运营的主动性，具有资产价值市场化、交易规范化的优势。例如，海南农垦自然资源开发运营有限公司与地方政府共同出资，进行土地综合整治项目。

（3）收益分成模式。

收益分成模式是政府委托专门的市场主体（企业或专门成立的基金）代理自然资源开采、利用、销售等经营活动所产生的收益，共同承担责任，收益分成。这里，政府可以是中央政府，也可以是地方政府。其特点是政府和企业（基金中收益分为政府、基金和社会公益项目）利益分成。例如，山西省政府设立"山西省煤炭可持续发展基金"，实现煤炭资源的可持续利用和转型升级；莆田市秀屿区政府将国有建设用地使用权划拨给国网福建省电力有限公司莆田供电公司，作为输变电工程项目建设用地。

（4）服务购买模式。

服务购买模式是地方政府购买专业服务机构或公司的服务的模式。服务机构或公司会按照地方政府的要求，提供某些对服务理论或专业技术要求较强的服务，比如资源勘探、开发、管理、保护。该模式的优点是能有效地引导需求，提高资源配置效率和收益。例如，吐鲁番市政府购买矿产资源调查确权登记服务；攀枝花市政府以拍卖方式出售金沙江和雅砻江干流攀枝花段的河道采砂权；厦门市翔安区政府购买自然资源和规划工作辅助服务；东营市政府购买天宁寺生态林场生态效益监测评估技术服务。

（5）专业机构委托模式。

专门机构委托模式是由地方政府委托专门机构进行代理的一种委托代理模式。例如，国家发展和改革委员会委托中国石油勘探开发研究院，有关国内石油勘探开发情况；地方政府委托国内城投企业（土地储备机构），有关土地整理等开发业务。

第二篇 实 践 篇

第四章　自然资源状况

第一节　土地资源

一、土地资源总体概况

根据《2023 年中国自然资源公报》，2022 年，全国土地资源状况见表 4－1。

表 4－1　　　　　2022 年全国土地利用状况

序号	用地类型	面积（万公顷）	占比（％）
1	耕地	12758.0	15.92
2	园地	2011.3	2.51
3	林地	28354.6	35.38
4	草地	26428.5	32.97
5	湿地	2356.9	2.94
6	城镇村及工矿用地	3596.8	4.49
7	交通运输用地	1018.6	1.27

序号	用地类型	面积（万公顷）	占比（%）
8	水域及水利设施用地	3629.6	4.53
	合计	80154.3	100

资料来源：《2023年中国自然资源公报》。

从表4-1可以看出，2022年全国共有耕地12758.0万公顷，占15.92%；其中园地2011.3万公顷，占2.51%；林地28354.6万公顷，占35.38%；草地26428.5万公顷，占32.97%；湿地2356.9万公顷，占2.94%；城镇村及工矿用地3596.8万公顷，占4.49%；交通运输用地1018.6万公顷，占1.27%；水域及水利设施用地3629.6万公顷，占4.53%。林地和草地共占68.35%，占2/3；耕地占15.92%，不到1/6。

二、土地资源特点

中国的土地资源具有数量有限性、位置固定性、不可替代性、分布不均匀性、用途广泛性等特点。

1. 数量有限性

从整个地球来看，地球的大小是固定的，海洋面积约为3.6亿平方千米，占地球表面积71%；地球陆地面积1.49亿平方千米，占地球表面积29%。中国拥有960万平方千米的陆地面积和470平方千米的海洋面积，土地资源的总量有限以及各类土地资源数量相对稳定。其中，山地多于平地，耕地比例小，后备土地资源有限。有人认为，人类可以围海造地、围湖造地，但陆地面积是增加了，水域面积却减少了。

2. 位置固定性

土地不能移动，位置是固定的。尽管表土可以移动，但表土不代表土地。

3. 不可替代性

从功能来说，土地的功能具有不可替代性。无论作为场所的土地，能够支撑地表的建筑物、构筑物、自然资源，或作为地下的空间，还是提供原料来源和养分的土地，都不可替代。尽管现代农业中出现了无土栽培技术，但农作物所需的养分仍然来源于土地。

4. 分布不均匀性

一是土地资源类型分布不均。中国是多山的国家，粗略估算，山地、高原、丘陵的面积约占中国土地总面积的69%，平地约占31%。而且山地一般高差大、坡度陡、土层薄，土地的适宜性单一、宜耕性差，农业发展受到较大限制。生态系统一般较为脆弱，如果利用不当，极易造成水土流失和资源破坏。有限的耕地集中在中国东部季风区的平原地区，而草原资源多分布在内蒙古高原的东部、西藏、青海、新疆、甘肃、四川等地。二是人均占有土地资源分布不均。

不同地区的土地资源，面临着不同的问题。

中国东南部季风区土地生产力较高，集中了全国耕地与林地的92%左右，农业人口与农业总产值的95%左右，是中国重要的农区与林区，也为畜牧业比重大的地区。即使在东南部季风区内，土地资源的性质和农业生产条件差别也很大；而西北内陆区虽然光照充足、热量较为丰富，但干旱少雨、水资源少，沙漠、戈壁、盐碱面积大，其中东半部是草原与荒漠草原，西半部是极端干旱的荒漠，土地自然生产力低，青藏高原地区大部分海拔在3000米以上，虽日照充足，但热量不足，高而寒冷，极难利用。

5. 用途广泛性

土地的用途很广泛。一是土地作为人类的支撑物而存在。人类社会在土地上修建建筑物、构筑物，如地面上修建城市、村庄、道路、机场、港口等，在地下修建商城、地下停车场、地铁、矿井、军事、穿海隧道等建筑空间。二是土地为人类提供原料来源。人类的许多物质直接也来源于土地，如土地为人类社会提供沙土石水。三是土地为动植物提供养分来源。如人类耕作土地，土壤为农作物提供养分，土地为森林、草原等植被提供所需的养料。

三、土地资源结构

2018 年 9 月，国务院开展了第三次全国国土调查（以下简称"三调"）①，以 2019 年 12 月 31 日为标准时点汇总数据。根据"三调"的数据，分析如下。

（一）耕地

从表 4 - 2 可以看出，中国的耕地 12786.19 万公顷，其中，水田 3139.20 万公顷，占 24.55%；水浇地 3211.48 万公顷，占 25.12%，旱地 6435.51 万公顷，占 50.33%。旱地生态系统脆弱，占了一半。节水空间仅剩下 50%。地域分布上看，64% 的耕地分布在秦岭—淮河以北，其中，黑龙江、内蒙古、河南、吉林、新疆等 5 个省区耕地面积较大，占全国耕地的 40%。

表 4 - 2 　　　　　　　　　　耕地构成表

序号	耕地类别	面积（万公顷）	占比（%）
1	水田	3139.20	24.55
2	水浇地	3211.48	25.12
3	旱地	6435.51	50.33
合计		12786.19	100

资料来源：《第三次全国国土调查主要数据公报》。

从表 4 - 3 可以看出，中国耕地分布在气候相对较冷、气温相对不

---

① 国务院第三次全国国土调查领导小组办公室、自然资源部、国家统计局. 第三次全国国土调查主要数据公报［N］. 人民日报，2021 - 8 - 27.

高的中温带地区较多。耕地位于一年三熟制地区的为 1882.91 万公顷，占全国耕地面积的 14.73%；耕地位于一年两熟制地区的为 4782.66 万公顷，占全国耕地面积的 37.40%；耕地位于一年一熟制地区的为 6120.62 万公顷，占全国耕地面积的 47.87%。

表 4 - 3 耕地—气候分布表

序号	气候类型	耕地面积（万公顷）	占比（%）
1	三熟制地区	1882.91	14.73
2	两熟制地区	4782.66	37.40
3	一熟制地区	6120.62	47.87
	合计	12785.76	100

资料来源：《第三次全国国土调查主要数据公报》。

从表 4 - 4 可以看出，耕地处于降水量 400 毫米以上地区占 84.2%，其中，耕地位于年降水量 800 毫米以上（含 800 毫米）地区的为 4469.44 万公顷，占全国耕地的 34.96%；耕地位于年降水量 400 ~ 800 毫米（含 400 毫米）地区的为 6295.98 万公顷，占全国耕地的 49.24%；耕地位于年降水量 200 ~ 400 毫米（含 200 毫米）地区的为 1280.45 万公顷，占全国耕地的 10.01%；耕地位于年降水量 200 毫米以下地区的为 740.32 万公顷，占全国耕地的 5.79%。

表 4 - 4 耕地—降水量情况表

序号	降水量（毫米）	耕地面积（万公顷）	占比（%）
1	大于 800	4469.44	34.96
2	400 ~ 800	6295.98	49.24
3	200 ~ 400	1280.45	10.01
4	小于 200	740.32	5.79
	合计	12785.76	100

资料来源：《第三次全国国土调查主要数据公报》。

从表 4 - 5 可以看出，坡度小于 2 度的平原地区的耕地居多，其中，耕地坡度位于 2 度以下（含 2 度）的为 7919.03 万公顷，占全国耕地的 61.93%；耕地坡度在 2~6 度（含 6 度）的为 1959.32 万公顷，占全国耕地的 15.32%；耕地坡度位于 6~15 度（含 15 度）的为 1712.64 万公顷，占全国耕地的 13.40%；耕地坡度位于 15~25 度（含 25 度）的为 772.68 万公顷，占全国耕地的 6.04%；耕地坡度位于 25 度以上的为 422.52 万公顷，占全国耕地的 3.31%。

表 4 - 5 耕地—坡度情况表

序号	坡度（°）	耕地面积（万公顷）	占比（%）
1	小于 2	7919.03	61.93
2	2~6	1959.32	15.32
3	6~15	1712.64	13.40
4	15~25	772.68	6.04
5	小于 25	422.52	3.31
	合计	12785.76	100

资料来源：《第三次全国国土调查主要数据公报》。

（二）园地资源

从表 4 - 6 中可以看出，中国的园地面积 2017.16 万公顷，其中，果园的面积为 1303.13 万公顷，占 64.60%，约占园地的 2/3；茶园的面积为 168.47 万公顷，占 8.35%；橡胶园的面积为 151.43 万公顷，占 7.51%；其他园地的面积为 394.13 万公顷，占 19.54%。园地主要分布在秦岭—淮河以南的气候条件较好地区，占全国园地面积的 2/3。

表 4 - 6 中国园林分布表

序号	园林类别	面积（万公顷）	占比（%）
1	果园	1303.13	64.60
2	茶园	168.47	8.35

续表

序号	园林类别	面积（万公顷）	占比（%）
3	橡胶园	151.43	7.51
4	其他园地	394.13	19.54
合计		2017.16	100

资料来源：《第三次全国国土调查主要数据公报》。

（三）林地

中国的林地面积 28412.59 万公顷，其中，四川、云南、内蒙古和黑龙江 4 个省份的面积较大，占全国林地的 34%。87% 的林地分布在年降水量 400mm（含 400mm）以上地区。林地分树的类型来看，乔木面积为 19735.16 万公顷，占 69.46%；灌木面积为 5862.61 万公顷，占 20.63%；竹林面积为 701.97 万公顷，占 2.47%；其他林地面积为 211.84 万公顷，占 7.44%（见表 4-7）。

表 4-7 中国的林地构成表

序号	林地类别	面积（万公顷）	占比（%）
1	乔木	19735.16	69.46
2	灌木	5862.61	20.63
3	竹林	701.97	2.47
4	其他	211.84	7.44
合计		28412.59	100

资料来源：《第三次全国国土调查主要数据公报》。

（四）草地

中国的草地面积 26453.01 万公顷，以天然草地为主，主要分布在西藏、内蒙古、新疆、青海、甘肃、四川等 6 个省区，占全国草地的

94%。其中，天然牧草地的面积为 21317.21 万公顷，占 80.59%；人工牧草地的面积为 58.08 万公顷，占 0.22%；其他草地的面积为 5077.74 万公顷，占 19.19%（见表 4-8）。

表 4-8 中国的草地构成表

序号	草地类别	面积（万公顷）	占比（%）
1	天然草地	21317.21	80.59
2	人工牧草地	58.08	0.22
3	其他草地	5077.74	19.19
合计		26453.01	100

资料来源：《第三次全国国土调查主要数据公报》。

（五）湿地

湿地是新增的一级用地类型，包括 7 个二级地类，主要分布在青海、西藏、内蒙古、黑龙江、新疆、四川、甘肃等 7 个省区，这些省区都处在内陆地区，面积占全国湿地的 88%。中国的湿地面积 2346.93 万公顷，其中，红树林地的面积为 2.71 万公顷，占 0.12%；森林沼泽的面积为 220.78 万公顷，占 9.41%；灌丛沼泽的面积为 75.51 万公顷，占 3.22%；沼泽草地的面积为 1114.41 万公顷，占 47.48%，接近一半；沿海滩涂的面积为 151.23 万公顷，占 6.44%；内陆滩涂的面积为 588.61 万公顷，占 25.08%，占 1/4；沼泽地的面积为 193.68 万公顷，占 8.25%（见表 4-9）。

表 4-9 中国的湿地构成表

序号	湿地类别	面积（万公顷）	占比（%）
1	沼泽草地	1114.41	47.48
2	内陆滩涂	588.61	25.08

续表

序号	湿地类别	面积（万公顷）	占比（%）
3	森林沼泽	220.78	9.41
4	沼泽地	193.68	8.25
5	沿海滩涂	151.23	6.44
6	灌丛沼泽	75.51	3.22
7	红树林	2.71	0.12
合计		2346.93	100

资料来源：《第三次全国国土调查主要数据公报》。

（六）城镇村及工矿用地

中国的城镇村及工矿用地面积 3530.63 万公顷，其中，村庄用地的面积为 2193.56 万公顷，占 62.13%；城市用地的面积为 522.19 万公顷，占 14.79%；建制镇用地的面积为 512.93 万公顷，占 14.53%；采矿用地的面积为 244.24 万公顷，占 6.92%；风景名胜及特殊用地的面积为 57.71 万公顷，占 1.63%（见表 4-10）。

表 4-10　　　　　中国的城镇村及工矿用地构成表

序号	城镇村及工矿用地类别	面积（万公顷）	占比（%）
1	村庄用地	2193.56	62.13
2	城市用地	522.19	14.79
3	建制镇用地	512.93	14.53
4	采矿用地	244.24	6.92
5	风景名胜及特殊用地	57.71	1.63
合计		3530.63	100

资料来源：《第三次全国国土调查主要数据公报》。

（七）交通运输用地

中国的交通运输用地面积 955.31 万公顷，农村道路和公路用地占

92.0%，占绝大多数。其中，农村道路的面积为 476.50 万公顷，占 49.88%；公路用地的面积为 402.96 万公顷，占 42.18%；铁路用地的面积为 56.68 万公顷，占 5.93%；机场用地的面积为 9.63 万公顷，占 1.04%；港口码头用地的面积为 7.04 万公顷，占 0.74%；轨道交通用地的面积为 1.77 万公顷，占 0.18%；管道运输用地的面积为 0.72 万公顷，占 0.08%（见表 4-11）。

表 4-11   中国的交通运输用地构成表

序号	交通运输用地类别	面积（万公顷）	占比（%）
1	农村道路	476.50	49.88
2	公路用地	402.96	42.18
3	铁路用地	56.68	5.93
4	机场用地	9.63	1.04
5	港口码头用地	7.04	0.74
6	轨道用地	1.77	0.18
7	管道运输用地	0.72	0.08
合计		955.31	100

资料来源：《第三次全国国土调查主要数据公报》。

（八）水域及水利设施用地

水域及水利设施用地的面积为 3628.79 万公顷，河流、湖泊、水库、坑塘水面占 3/4，西藏、新疆、青海、江苏等 4 个省区水域面积较大，占全国水域的 45%。其中，河流水面的面积为 880.78 万公顷，占 24.27%；湖泊水面的面积为 846.48 万公顷，占 23.33%；坑塘水面的面积为 641.86 万公顷，占 17.69%；沟渠的面积为 351.75 万公顷，占 9.69%；水库水面的面积为 336.84 万公顷，占 9.28%；水工建筑用地的面积为 80.21 万公顷，占 2.21%；冰川及常年积雪的面积为 490.87 万公顷，占 13.53%（见表 4-12）。

表 4 – 12　　　　　　　中国的水域及水利设施用地构成表

序号	水域及水利设施用地类别	面积（万公顷）	占比（％）
1	河流水面	880.78	24.27
2	湖泊水面	846.48	23.33
3	坑塘水面	641.86	17.69
4	冰川及常年积雪	490.87	13.53
5	沟渠	351.75	9.69
6	水库水面	336.84	9.28
7	水工建筑用地	80.21	2.21
	合计	3628.79	100

资料来源：《第三次全国国土调查主要数据公报》。

第二节　矿产资源

截至 2022 年底，中国已发现 173 种矿产，包括能源矿产、金属矿产、非金属矿产和水气矿产，它们分别为 13 种、59 种、95 种和 6 种。2022 年，中国有近四成矿产储量上升，其中，储量大幅增长的矿产有铜、铅、锌、镍、钴、锂、铍、镓、锗、萤石、晶质石墨等。

一、矿产资源特点

中国的矿产资源种类丰富、分布不均衡性；贫矿多、富矿少；中小型矿多、大型矿少；伴生矿多；不可再生性；供需形势严峻。

1. 种类丰富、分布不均衡性

在中国已经找到的 173 种矿产资源中，已探明的有 150 多种，种类多，其中，储量居世界首位的有钨、锑、锌、钒、钛、稀土等，中国是世界上已知矿种比较齐全、资源配套较好的少数国家之一。但是，中国的地形特点和地质条件决定了中国矿产资源分布不均衡性，如煤炭、石油等能源主要分布在北方地区（如油多集中在渤海湾、松辽、塔里木、鄂尔多斯、准噶尔、柴达木和东海大陆架七大盆地，煤炭主要集中在东北、华北和西北地区）；铁主要分布于辽宁、冀东和川西，而西北地区很少；化工原料的硫和磷矿主要分布于南方地区。黑色冶金矿产资源大部蕴藏在北方东部地区，而有色金属的70%以上都集中分布在南方的湖南、江西、广西等地。矿产资源的地区分布不均使中国出现了北煤南运、南磷北运等现象。

2. 贫矿多、富矿少

中国的矿产资源呈现出贫矿多、富矿少的特点。中国86%的铁矿，70%的铜矿、磷矿和铝土矿，以及50%的锰矿都属于贫矿；2020年中国铁矿储量的平均品位只有34.5%，以低品位磁铁矿为主；尽管中国也有一些优质矿种，如低灰、低硫、高发热量的煤炭及钨，但量非常少。

3. 中小型矿多、大型矿少

从规模来看，中国大型矿比较少，绝大多数都是中小型矿。按中国现行统计的16000余处矿产地中，大型矿床仅占11%，小型矿比重则占到70%以上。

4. 单一矿种少，伴生矿多

中国的矿产资源多数是伴生矿，如钒储量居世界第一，但90%以上都伴生于其他矿种中；攀枝花铁矿石中，含有钒、铁、镍等10多种元素；白云鄂博铁矿和金昌市的金川镍矿也都伴生有多种金属元素。

5. 不可再生性

矿产资源是地质年代中富集形成的，有的要几百万至千万年，甚至几亿至十几亿年才能形成，相对于人类社会利用矿产资源的短暂历程来说，矿产资源是不可再生。

6. 供需形势严峻

虽然中国矿产资源总量比较丰富，但人均占有量不到世界平均水平的一半，且探明储量的后备不足，出现结构性不足现象。石油、天然气、铁、锰、铜、钾盐等大宗矿产资源的对外依存度高，铬、钴、铂、金刚石等奇缺。

二、能源矿产

中国能源矿产有五种：煤炭、石油、天然气、煤层气和页岩气。五种矿产资源的储量如表 4 - 13 所示。

表 4 - 13　　　　　　　　2022 年中国主要能源矿产储量表

序号	矿产	储量	单位
1	煤炭	2070.12	亿吨
2	石油	38.06	亿吨
3	天然气	65690.12	亿立方米
4	煤层气	3659.69	亿立方米
5	页岩气	5605.59	亿立方米

资料来源：《2023 年中国矿产资源报告》。

三、金属矿产

中国主要的矿产储量有 20 种，其储量如表 4 - 14 所示。从储量来看，铁矿、铝土矿、锰矿、钛矿是储量比较多的矿。但与使用量比较来看，中国的铁矿、锰矿、铝土矿还需要大量进口。

表 4 - 14　　　　　　　　2022 年中国金属矿产储量表

序号	矿产	储量	单位	序号	矿产	储量	单位
1	铁矿	162.46	矿石　亿吨	3	铬铁矿	279.47	矿石　万吨
2	锰矿	27561.45	矿石　万吨	4	钒矿	734.39	V2O5　万吨

续表

序号	矿产	储量	单位		序号	矿产	储量	单位	
5	钛矿	10604.62	TiO2	万吨	13	锡矿	100.49	金属	万吨
6	铜矿	4077.18	金属	万吨	14	钼矿	590.05	金属	万吨
7	铅矿	2186.50	金属	万吨	15	锑矿	66.69	金属	万吨
8	锌矿	4607.86	金属	万吨	16	金矿	3127.46	金属	吨
9	铝土矿	67552.60	矿石	万吨	17	银矿	70344.21	金属	吨
10	镍矿	434.65	金属	万吨	18	铂族金属	80.91	金属	吨
11	钴矿	15.87	金属	万吨	19	锶矿	2456.81	天青石	万吨
12	钨矿	299.56	WO3	万吨	20	锂矿	635.27	氧化物	万吨

资料来源：《2023 年中国矿产资源报告》。

四、非金属矿产

中国的非金属矿产很多，主要的矿产有 23 种，其储量如表 4 – 15 所示。从表 4 – 15 可以看出，水泥用灰岩、钠盐、磷矿、玻璃硅质原料、芒硝、硫铁矿、高岭土、菱镁矿的储量都是很大的矿种，此外，还有钾盐、耐火黏土、膨润土、硅藻土和重晶石的储量也是较大的。

表 4 – 15　　　　　　　　2022 年中国金属矿产储量表

序号	矿产	储量	单位		序号	矿产	储量	单位	
1	菱镁矿	68011.87	矿石	万吨	9	芒硝	12.26	Na_2SO_4	亿吨
2	萤石	8592.06	矿物	万吨	10	重晶石	10735.58	矿石	万吨
3	耐火黏土	21857.76	矿石	万吨	11	水泥用灰岩	397.08	矿石	亿吨
4	硫铁矿	114785.58	矿石	万吨	12	玻璃硅质原料	18.61	矿石	亿吨
5	磷矿	36.90	矿石	亿吨	13	石膏	17.58	矿石	亿吨
6	钾盐	28788.70	KCl	万吨	14	高岭土	69345.14	矿石	万吨
7	硼矿	901.02	B_2O_3	万吨	15	膨润土	17159.80	矿石	万吨
8	钠盐	142.90	NaCl	亿吨	16	硅藻土	12322.93	矿石	万吨

序号	矿产	储量	单位	序号	矿产	储量	单位
17	饰面花岗岩	22.56	亿立方米	21	石棉	713.10	矿物　万吨
18	饰面大理岩	4.68	亿立方米	22	滑石	6045.66	矿石　万吨
19	金刚石	183.19	矿物　千克	23	硅灰石	4028.74	矿石　万吨
20	晶质石墨	8100.80	矿物　万吨				

资料来源：《2023 年中国矿产资源报告》。

五、矿产品生产与消费

1. 能源矿产

2022 年中国能源总消费量为 54.1 亿吨标准煤，增长 2.9%，自给率为 86.1%。其中，一次能源生产总量为 46.6 亿吨标准煤，比上年增长 9.2%。在能源生产结构中，煤炭占 67.4%，石油占 6.3%，天然气占 5.9%，水电、核电、风电、太阳能发电等非化石能源占 20.4%。

2022 年，中国煤炭总产量为 45.6 亿吨，比上年增长 10.5%，创历史新高；煤炭总消费量约 44.4 亿吨，增长 4.3%。原油总产量 2.05 亿吨，增长 2.9%，连续 4 年保持增长；原油总消费量 7.0 亿吨，下降 3.1%。天然气总产量 2201.1 亿立方米，增长 6.0%，连续 6 年增产超 100 亿立方米；天然气总消费量 3727.7 亿立方米，下降 1.2%。

2. 金属矿产

2022 年，中国铁矿石总产量为 9.7 亿吨，比上年下降 1.0%，表观消费量（国内产量＋净进口量）为 14.9 亿吨（60% 品位标矿）；粗钢总产量为 10.2 亿吨，下降 1.7%。十种有色金属总产量 6793.6 万吨，增长 4.9%，其中，精炼铜为 1106.3 万吨，增长 5.5%；电解铝为 4021.4 万吨，增长 4.4%。主要有色金属矿产品中，铜精矿产量为 187.4 万吨，增长 5.8%；铅精矿产量为 149.7 万吨，增长 0.9%；锌精矿产量为 310.3 万吨，下降 1.7%。

3. 非金属矿产

2022 年，磷矿石产量 10474.5 万吨（折含 P_2O_5 30%），比上年增长 0.7%；水泥 21.3 亿吨，下降 10.5%。

第三节　水资源

根据《2022 年中国水资源公报》的数据，2022 年全国水资源总量为 27088.1 亿立方米，比多年平均值偏少 1.9%，比 2021 年减少 8.6%。其中，地表水资源量为 25984.4 亿立方米，地下水资源量为 7924.4 亿立方米，地下水与地表水资源不重复量为 1103.7 亿立方米。

一、中国水资源特点

中国的水资源有以下特点：

1. 总量多，人均占有量少

中国是全球人均水资源最贫乏的国家之一。2022 年中国水资源总量达到 27088.1 亿立方米，占全球水资源的 6% 左右，但 2022 年中国人口 140537 万人，占世界人口的 18.82%，人均水资源量只有 1927.98 立方米，不及世界平均水平的 1/3，主要原因是中国占世界人口的比例高。

2. 地区分布不均，东多西少，南多北少

中国的降水量呈现规律性变化，从东南沿海向西北内陆递减，依次可划分为多雨带、湿润带、半湿润带、半干旱带、干旱带等五种地带。其主要原因是中国位于太平洋西岸，地域辽阔、地形复杂、大陆性季风气候非常显著。由于降水量的地区分布很不均匀，造成了全国水土资源不平衡分布、不匹配现象。

3. 降水时间分配不均，夏秋季多，冬春季少

中国大部分地区冬春少雨、夏秋多雨，东南沿海各省，雨季较长较早。全国降水量最集中的地区是黄淮海平原的山前地区，汛期多下暴雨，有的年份一天大暴雨超过了多年降水量的平均。

二、水资源量

（一）降水量情况

2022 年，全国平均年降水量为 631.5 毫米，比多年平均值 644.13 毫米少 2.0%，比 2021 年的降水量减少 8.7%。但从降水量来看，南北差距较大（见表 4 - 16）。北方 6 区（松花江区、辽河区、海河区、黄河区、淮河区、长江区）虽比 2021 年的降水量少，但比多年平均值多3.4%。相反，南方 4 区（东南诸河区、珠江区、西南诸河区、西北诸河区）比 2021 年的降水量少 4.3%，比多年平均值少 4.6%。

表 4 - 16　　　　　2022 年全国南方和北方降水量情况

南北分区	降水量（毫米）	与 2021 年比较（%）	与多年平均值比较（%）
北方 6 区	340.6	- 16.0	3.4
南方 4 区	1145.8	- 4.3	- 4.6

资料来源：《2022 年中国水资源公报》。

从水资源分区看，辽河区、松花江区、珠江区、海河区、黄河区 5个水资源一级区降水量比多年平均值偏多，分别偏多 28.9%、11.7%、11.1%、5.2% 和 3.0%；长江区、西南诸河区、淮河区、西北诸河区、东南诸河区 5 个水资源一级区降水量比多年平均值偏少，分别偏少10.3%、8.9%、6.6%、6.4%、1.9%。与 2021 年比较，仅珠江区降水量增加 26.1%；其他 9 个水资源一级区降水量减少，其中海河区、淮河区分别减少 33.9% 和 26.1%（见表 4 - 17）。长江区降水接近95% 频率枯水年水平，自 1956 年以来，2022 年降水量仅高于 1978 年、

1986 年和 2011 年。

表 4 - 17　　　　　　　2022 年水资源一级区降水量情况

水资源一级区	降水量（毫米）	与 2021 年比较（%）	与多年平均值比较（%）
松花江区	560.0	-11.6	11.7
辽河区	688.0	-5.2	28.9
海河区	554.4	-33.9	5.2
黄河区	465.8	-16.1	3.0
淮河区	783.1	-26.1	-6.6
长江区	969.6	-15.9	-10.3
东南诸河区	1649.8	-5.6	-1.9
珠江区	1729.3	26.1	11.1
西南诸河区	994.2	-4.0	-8.9
西北诸河区	154.5	-10.4	-6.4

资料来源：《2022 年中国水资源公报》。

从行政分区看，天津、山西、辽宁、吉林、黑龙江、福建、山东、广东、广西、海南、陕西、青海 12 个省（自治区、直辖市，简称区、市，下同）降水量比多年平均值偏多，其中，辽宁、吉林、山东 3 个省偏多 30% 以上；19 个省（区、市，不含港澳台）比多年平均值偏少，其中重庆、江苏、河南 3 个省（市）偏少近 20%。

（二）地表水资源量

2022 年，全国地表水资源量为 25984.4 亿立方米，折合年径流深为 274.7 毫米，比多年平均值少 2.2%，比 2021 年地表水资源量减少 8.2%。

从表 4 - 18 可以看出。水资源分区明显，辽河区、松花江区、海河区、珠江区、西北诸河区 5 个水资源一级区地表水资源量比多年平均值偏多，其中，辽河区、松花江区分别偏多 75.5% 和 25.3%；其余的 5 个水资源一级区地表水资源量比多年平均值偏少，其中，长江区、淮河区、西南诸河区分别偏少 13.2%、10.8% 和 10.2%。与 2021 年比较，辽河区、珠江区、西北诸河区 3 个水资源一级区地表水资源量增加，其中珠江区增加 49.0%；其余的 7 个水资源一级区地表水资源量减少，其中海河区、淮河区、黄河区分别减少 57.2%、42.3% 和 32.8%。

表 4 – 18　　　　　　2022 年水资源一级区降水量情况

水资源一级区	地表水资源量（亿立方米）	与 2021 年比较（%）	与多年平均值比较（%）
松花江区	1565.6	− 23.4	25.3
辽河区	690.3	18.0	75.5
海河区	202.6	− 57.2	18.2
黄河区	577.6	− 32.8	− 1.0
淮河区	614.6	− 42.3	− 10.8
长江区	8485.6	− 23.4	− 13.2
东南诸河区	1940.5	− 2.0	− 3.4
珠江区	5404.0	49.0	14.3
西南诸河区	5166.0	− 3.5	− 10.2
西北诸河区	1337.6	7.2	10.8

资料来源：《2022 年中国水资源公报》。

从行政分区看，地表水资源量比多年平均值偏多的省区市有天津、山西、辽宁、吉林、黑龙江、上海、山东、广东、广西、海南、青海、新疆，其中山东、吉林、辽宁 3 个省偏多 70% 以上；其余 19 个省（区、市）偏少，其中，江苏、河南 2 个省偏少 40%。

从中国流出国境的水量为 5315.4 亿立方米，流入界河的水量为 1379.5 亿立方米，国境外流入中国境内的水量为 240.3 亿立方米，纯流出国境水量 5075.1 亿立方米。

2022 年，全国入海水量为 15793.2 亿立方米，其中辽河区 378.8 亿立方米，占 2.4%；海河区 138.0 亿立方米，占 0.87%；黄河区 260.9 亿立方米，占 1.65%；淮河区 454.7 亿立方米，占 2.88%；长江区 7859.0 亿立方米，占 49.76%；东南诸河区 1762.1 亿立方米，占 11.16%；珠江区 4939.6 亿立方米，占 31.28%（见表 4 - 19）。可见，入海主要集中在南方的河流（占 92.20%）。与多年平均值相比，全国入海水量偏少 4.8%。与 2021 年相比，全国入海水量减少 1032.4 亿立方米，除珠江区、辽河区入海水量分别增加 1892.6 亿立方米、98.0 亿立方米外，其他水资源一级区均有不同程度的减少，其中长江区、淮河区入海水量分别减少 2224.0 亿立方米和 467.6 亿立方米。

表 4 - 19　　　　　　　　全国入海水量表

水资源一级区	入海水量（亿立方米）	占比（%）
全国	15793.2	100
辽河区	378.8	2.4
海河区	138.0	0.87
黄河区	260.9	1.65
淮河区	454.7	2.88
长江区	7859.0	49.76
东南诸河区	1762.1	11.16
珠江区	4939.6	31.28

资料来源：《2022 年中国水资源公报》。

（三）地下水资源量

2022 年，全国地下水资源量（矿化度≤2g 克/升）为 7924.4 亿立方米，比多年平均值少 1.1%，比 2021 年减少 3.3%。其中，平原区地下水资源量为 1774.1 亿立方米，山丘区地下水资源量为 6396.1 亿立方米，平原区与山丘区之间的重复计算量为 245.8 亿立方米。

表4－20显示，全国平原浅层地下水总补给量为1847.3亿立方米，比2021年减少13.4%。南方4区平原浅层地下水计算面积占全国平原区面积的9%，地下水总补给量为347.4亿立方米；北方6区计算面积占91%，地下水总补给量为1499.9亿立方米。其中，松花江区313.3亿立方米，占北方诸河区20.89%；辽河区132.9亿立方米，占北方诸河区8.86%；海河区205.7亿立方米，占北方诸河区13.71%；黄河区170.0亿立方米，占北方诸河区的11.33%；淮河区270.9亿立方米，占北方诸河区的18.06%；西北诸河区407.0亿立方米，占北方诸河区的27.14%。在北方6区平原地下水总补给量中，降水入渗补给量、地表水体入渗补给量、山前侧渗补给量和井灌回归补给量分别占53.8%、34.3%、7.0%和4.9%。松花江区、辽河区、海河区、黄河区和淮河区平原以降水入渗补给量为主，占总补给量的50%～80%；而西北诸河区平原以地表水体入渗补给量为主，占总补给量的72%左右。

表4－20　　　　　　　2022年地下水补给量表

水资源一级区	地下水补给量（亿立方米）	占全国比例（%）	占北方诸河比例（%）
全国	1847.3		
南方诸河区	347.4	18.81	
北方诸河区	1499.9	81.19	
其中：松花江区	313.3		20.89
辽河区	132.9		8.86
海河区	205.7		13.71
黄河区	170.0		11.33
淮河区	270.9		18.06
西北诸河区	407.0		27.14

资料来源：《2022年中国水资源公报》。

（四）水资源总量

表4－21显示，2022年，全国水资源总量为27088.1亿立方米，

比多年平均值偏少 1.9% ，比 2021 年减少 8.6% 。其中，地表水资源量为 25984.4 亿立方米，地下水资源量为 7924.4 亿立方米，地下水与地表水资源不重复量为 1103.7 亿立方米。全国水资源总量占降水总量的 45.3% ，单位面积产水量平均值为 28.6 万立方米/平方千米。

表 4 - 21　　　　　　　2022 年水资源一级区水资源总量

水资源一级区	降水量（毫米）	地表水资源量（亿立方米）	地下水资源量（亿立方米）	地表水与地下水资源重复计算量（亿立方米）	水资源总量（亿立方米）
全国	631.5	25984.4	7924.4	6820.7	27088.1
松花江区	560.0	1565.6	550.4	308.5	1807.6
辽河区	688.0	690.3	240.5	132.3	798.4
海河区	554.4	202.6	283.5	102.7	383.5
黄河区	465.8	577.6	391.3	268.2	700.7
淮河区	783.1	614.6	400.4	183.2	831.8
长江区	969.6	8485.6	2310.2	2205.2	8590.5
东南诸河区	1649.8	1940.5	465.1	1928	1953.0
珠江区	1729.3	5404.0	1245.3	1226.3	5423.0
西南诸河区	994.2	5166.0	1256.4	0.0	5166.0
西北诸河区	154.5	1337.6	781.3	685.3	1433.6

资料来源：《2022 年中国水资源公报》；水资源总量 = 地表水资源量 + 地下水资源量 - 重复计算量。

2021 年全国人均水资源量 2098.13 立方米，2022 年，全国人均水资源量 1918.17 立方米。2021 年北方地区（不含东三省）1437.04 立方米。北方人均水量比南方的少很多，尤其是京津冀地区，2021 年人均资源量只有 343.05 立方米，属于极度缺水地区。

（五）分地区水资源量

从表 4 - 22 可以看出，水资源总量比较多的省区是西藏及长江以南的四川、云南、广东、广西、湖南、福建、江西,总和达到16938.5亿立方米,七省区占全国的62.53%。人均水资源量差异较大,最多的是西藏,人均113416.1立方米,其次为青海,12206.9立方米;最少的是北京,人均108.4立方米,其次是天津121.3立方米、宁夏122.5立方米、上海133.3立方米,再次是江苏226.6立方米、河南252.5立方米、河北252.9立方米,内蒙古、辽宁、吉林、黑龙江、福建、江西、湖南、广西、海南、四川、贵州、云南、新疆等省区超过全国平均水平的1918.2立方米。

表 4 - 22　　　　　　　　全国分地区水资源状况表

地区	人口（万人）	水资源总量（亿立方米）	其中			人均水资源量（立方米/人）
			地表水资源总量（亿立方米）	地下水资源总量（亿立方米）	重复计算量（亿立方米）	
全国	141175	27088.1	25984.4	7924.4	6820.7	1918.2
北京	2184	23.1	7.4	26.8	10.5	108.4
天津	1363	16.6	11.0	6.8	1.2	121.3
河北	7420	188.0	88.5	152.8	53.3	252.9
山西	3481	153.5	108.2	112.6	67.3	441.0
内蒙古	2401	509.2	365.9	223.1	79.8	2121.2
辽宁	4197	561.7	513.8	154.3	106.4	1333.3
吉林	2348	705.1	625.2	192.2	112.7	2985.8
黑龙江	3099	918.5	771.4	307.1	160.0	2951.5
上海	2475	33.3	27.1	8.4	2.9	133.4
江苏	8515	192.8	142.5	102.7	52.4	226.6
浙江	6577	934.3	918.0	208.3	192.0	1424.6
安徽	6127	545.2	467.7	159.0	90.5	890.8
福建	4188	1174.7	1173.1	303.7	302.1	2805.3
江西	4528	1556.2	1533.6	363.7	341.1	3441.0
山东	10163	508.9	391.1	225.4	107.6	500.6

续表

| 地区 | 人口（万人） | 水资源总量（亿立方米） | 其中 | | | 人均水资源量（立方米/人） |
			地表水资源总量（亿立方米）	地下水资源总量（亿立方米）	重复计算量（亿立方米）	
河南	9872	249.4	172.2	140.4	63.2	252.5
湖北	5844	714.2	690.1	258.1	234.0	1223.6
湖南	6604	1683.8	1677.2	416.2	409.6	2546.2
广东	12657	2223.6	2213.3	546.2	535.9	1754.9
广西	5047	2208.5	2207.6	436.9	436.0	4380.2
海南	1027	363.8	356.1	100.3	92.6	3554.5
重庆	3213	373.5	373.5	82.6	82.6	1162.6
四川	8374	2209.2	2207.8	547.2	545.8	2638.5
贵州	3856	912.4	912.4	246.5	246.5	2367.4
云南	4693	1742.8	1742.8	602.6	206.6	3714.8
西藏	364	4139.7	4139.7	928.1	928.1	113416.1
陕西	3956	365.8	330.6	139.9	104.7	924.9
甘肃	2492	231.0	221.6	112.7	103.3	927.3
青海	595	725.7	707.5	319.8	301.6	12206.9
宁夏	728	8.9	7.1	15.3	13.5	122.5
新疆	2587	914.1	871.0	484.3	441.2	3532.1

资料来源:《2023 中国统计年鉴》。

（六）主要河流情况

中国的主要河流通常是指长江、黄河、松花江、辽河、珠江、海河和淮河，其基本情况见表 4 - 23。长江、黄河长度都超过 5000 千米，长江、黄河、松花江的流域面积都超过 50 万平方千米。

表 4-23　　　　　　　　　七大河流情况表

名称	流域面积（平方千米）	河长（千米）	年径流量（亿立方米）
长江	1782715	6300	9857
黄河	752773	5464	592
松花江	561222	2308	818
辽河	221097	1390	137
珠江	442525	2214	3381
海河	265511	1090	163
淮河	268957	1000	595

资料来源：《2022 年中国统计年鉴》，为水利部提供的 2022～2005 年第二次水资源评价数据。

三、蓄水状况

为解决用水与降水集中时段不对称的问题，中国通过水库蓄水、湖泊调水和南水北调、引黄等工程加以解决。

（一）大中型水库蓄水动态

2022 年，全国统计在内的 753 座大型水库和 3896 座中型水库年末蓄水总量比年初减少 406.2 亿立方米，其中，大型水库年末蓄水量为 3709.2 亿立方米，比年初减少 366.3 亿立方米；中型水库年末蓄水量为 471.5 亿立方米，比年初减少 39.9 亿立方米。长江区大中型水库蓄水总量减少 401.3 亿立方米。从水资源分区看，长江区、黄河区、淮河区、海河区、东南诸河区、辽河区 6 个水资源一级区水库年末蓄水量分别减少 401.3 亿立方米、65.4 亿立方米、34.6 亿立方米、18.4 亿立方米、5.1 亿立方米、4.9 亿立方米；珠江区、松花江区、西北诸河区、西南诸河区 4 个水资源一级区水库年末蓄水量分别增加 59.9 亿立方米、46.6 亿立方米、15.7 亿立方米、1.3 亿立方米。

从行政分区看，广东、吉林、新疆、福建等 10 个省区的水库总蓄水量增加，共增加蓄水量 149.9 亿立方米；湖北、河南、湖南、贵州、四川、安徽、青海等 20 个省区的水库总蓄水量减少，共减少蓄水量 556.1 亿立方米。

（二）湖泊蓄水动态

所监测的 76 个湖泊年末蓄水总量为 1449.9 亿立方米，比年初减少 18.1 亿立方米。其中，青海湖、查干湖、太湖、华阳河湖泊群蓄水量分别增加 5.0 亿立方米、3.2 亿立方米、2.1 亿立方米、1.4 亿立方米；洪泽湖、巢湖分别减少 12.0 亿立方米、3.6 亿立方米。

（三）地下水动态

地下水动态采用 19191 个地下水水位监测站的监测数据进行分析，监控面积约 350 万平方千米，覆盖中国主要平原区、盆地和岩溶山区。

2022 年末，与上年同期相比，43.9% 的浅层地下水水位监测站、57.9% 的深层地下水水位监测站、48.7% 的裂隙水水位监测站、42.6% 的岩溶水水位监测站，水位呈弱上升或上升态势。

从水资源分区看，4 个水资源一级区地下水水位呈弱上升或上升态势的监测站点比例超过了 50%，其中，东南诸河区、珠江区、海河区、辽河区的比例分别为 72.7%、60.5%、59.6%、54.7%；6 个水资源一级区地下水水位呈弱下降或下降态势的监测站点比例超过了 50%，其中，西北诸河区、西南诸河区、淮河区、长江区、松花江区、黄河区的比例分别为 67.0%、63.2%、62.1%、59.7%、58.8%、56.7%。

四、供水量与用水量

2022 年，全国供水总量和用水总量均为 5998.2 亿立方米，其中，生活用水量为 905.7 亿立方米，占用水总量的 15.1%；工业用水量为 968.4 亿立方米，占用水总量的 16.14%；农业用水量为 3781.3 亿立方米，占用水总量的63.04%；人工生态环境补水量为342.8亿立方米，占用水总量的5.7%（见表4-24）。农业用水占大头，达到63.04%，几乎是用水量的2/3，因此，农业用水的节约潜力巨大。2022年较2021年增加78.0亿立方米，其中，地表水源供水量为4994.2亿立方米，地下水源供水量为828.2亿立方米，其他（非常规）水源供水量为175.8亿立方米。

表4-24　　　　　　　　　全国供水/用水量表

分类	供水总量（亿立方米）	占比（%）
农业用水	3781.3	63.04
工业用水	968.4	16.14
生活用水	905.7	15.10
生态用水	342.8	5.71
合计	5998.2	100

资料来源：《2022年中国水资源公报》。

2022年，全国人均综合用水量为425立方米，万元国内生产总值（按当年价）用水量为49.6立方米。耕地实际灌溉亩均用水量为364立方米，农田灌溉水有效利用系数为0.572，万元工业增加值（按当年价）用水量为24.1立方米，生活用水量人均为176升/天（其中，城乡居民生活用水量人均为125升/天）。按可比价计算，万元国内生产总值用水量和万元工业增加值用水量分别比2021年下降1.6%和10.8%。

第四节　森林、草原、湿地资源

一、森林资源

（一）中国森林资源现状

根据《2023年中国自然资源统计公报》，2022年，全国共有林地为 28352.7 万公顷，其中，乔木林地为 19675.2 万公顷，占 69.39%；竹林地为 699.1 万公顷，占 2.47%；灌木林地为 5841.3 万公顷，占 20.60%；其他林地为 2137.1 万公顷，占 7.1%（见表 4-25）。乔木林地占 2/3。

表 4-25 中国森林资源情况表

地区	林地面积（万公顷）	占比（%）
全国	28352.7	100
乔木林地	19675.2	69.39
竹林地	699.1	2.47
灌木林地	5841.3	20.60
其他林地	2137.1	7.1

资料来源：《2023 年中国自然资源统计公报》。

2022 年，共完成造林面积 383.0 万公顷，其中，人工造林面积 120.1 万公顷，占全年造林面积的 31.4%；种草改良面积 321.4 万公顷，其中，人工种草面积 120.4 万公顷，占 37.46%；草原改良面积 201.0 万公顷，占 62.54%。

从表 4-26 可以看出，2022 年全国森林覆盖率为 22.96%，其中，森林覆盖率最高的省份是福建，达 66.80%，其次是江西，61.16%，广西是 60.17%。森林覆盖率最低的是新疆，只有 4.87%，其次是青海，5.82%。按照世界平均水平 31.7% 计算，北京、辽宁、吉林、黑龙江、浙江、福建、江西、湖北、湖南、广东、广西、海南、重庆、四川、贵州、云南、陕西 17 个省区超过世界平均水平。从人均林地面积来看，最高的是西藏，4.096 公顷，其次是内蒙古，1.089 公顷，再次是黑龙江，0.642 公顷；最少的是上海，0.004 公顷，其次是江苏，0.018 公顷，再次是山东省，0.026 公顷。从人均森林蓄积量来看，全国平均数为 12.44 立方米，最高的是西藏，627.07 立方米，其次是内蒙古，63.60 立方米，再次是黑龙江，59.60 立方米；最低的是上海，人均 0.18 立方米，其次是天津，人均 0.34 立方米，再次是江苏和山东，分别是 0.83 立方米和 0.90 立方米。人均林地少和人均森林蓄积量是对应的，上海、江苏、山东属于两者最少的省份，这三个省的森林覆盖率也比较低，在 10%～18%。新疆、青海、甘肃、宁夏、西藏，森林覆盖率都比较低。

表 4－26　　　　　　　　中国分地区森林资源情况表

地区	人口（万人）	林业用地面积（万公顷）	林业面积（万公顷）	人均林地面积（公顷）	森林覆盖率（%）	活立总木蓄积量（万立方米）	森林蓄积量（万立方米）	人均森林蓄积量（立方米）
全国	141175	32368.55	22044.62	0.156	22.96	1900713.20	1756022.99	12.44
北京	2184	107.10	71.82	0.329	43.77	3000.81	2437.36	1.12
天津	1363	20.39	13.64	0.669	12.07	620.56	460.27	0.34
河北	7420	755.64	502.69	0.665	26.76	15920.34	13737.98	1.85
山西	3481	787.25	321.09	0.092	20.50	14778.65	12923.37	3.71
内蒙古	2401	4499.17	2614.85	1.089	22.1	166371.98	152704.12	63.60
辽宁	4197	735.92	571.83	0.136	39.24	30888.53	29749.18	7.09
吉林	2348	904.79	784.87	0.334	41.49	105368.45	101295.77	43.14
黑龙江	3099	2453.77	1990.46	0.642	43.78	199999.41	184704.09	59.60
上海	2475	10.19	8.9	0.004	10.04	664.32	449.59	0.18
江苏	8515	174.98	155.99	0.018	15.20	9609.62	7044.47	0.83
浙江	6577	659.77	604.99	0.092	59.43	31384.86	28114.67	4.27
安徽	6127	449.33	395.85	0.065	28.65	26145.10	22186.55	3.62
福建	4188	924.40	811.58	0.194	66.80	79711.29	72937.63	17.42
江西	4528	1079.90	1021.02	0.225	61.16	57564.29	50665.83	11.19
山东	10163	349.34	266.51	0.026	17.51	13040.49	9161.49	0.90
河南	9872	520.74	403.18	0.041	24.14	26564.48	20719.12	2.10
湖北	5844	876.09	736.27	0.126	39.61	39579.82	36507.91	6.25
湖南	6604	1257.59	1052.58	0.159	49.69	46141.03	40715.73	6.17
广东	12657	1080.29	945.98	0.075	53.52	50063.49	46755.09	3.69

续表

地区	人口（万人）	林业用地面积（万公顷）	林业面积（万公顷）	人均林地面积（公顷）	森林覆盖率（%）	活立总木蓄积量（万立方米）	森林蓄积量（万立方米）	人均森林蓄积量（立方米）
广西	5047	1629.50	1429.65	0.283	60.17	74433.24	67752.45	13.42
海南	1027	217.50	194.49	0.189	57.36	16347.14	15340.15	14.94
重庆	3213	421.71	354.97	0.110	43.11	24412.17	20678.18	6.44
四川	8374	2454.52	1839.77	0.220	38.03	197201.77	186099.00	22.22
贵州	3856	927.96	771.03	0.200	43.77	44464.57	39182.90	10.16
云南	4693	2599.44	2106.16	0.449	55.04	213244.99	197265.84	42.03
西藏	364	1798.9	1490.99	4.096	12.14	230519.15	228254.42	627.07
陕西	3956	1236.79	886.84	0.224	43.06	51023.42	47866.70	12.10
甘肃	2492	1046.35	509.73	0.205	11.33	28386.88	25188.89	10.11
青海	595	819.16	419.75	0.705	5.82	5556.86	4864.15	8.18
宁夏	728	179.52	65.60	0.090	12.63	1111.14	835.18	1.15
新疆	2587	1371.26	802.23	0.310	4.87	46490.95	39221.50	15.16

资料来源：《2023 中国统计年鉴》，数据为 2014~2018 年第九次全国森林资源清查结果；除林业用地外，其他全国总计数包括台湾省和香港、澳门特别行政区；数据包含天然林和人工林，人工林虽是通过人工种植、培育、养护形成的，但其生长过程仍是自然过程，其森林资源仍看作是自然资源。

（二）中国森林资源的特点

1. 分布不均匀

中国的林地分布不均匀，主要集中在三个片区：一是东北的黑龙江、辽宁、吉林和内蒙古的东部大兴安岭地区，二是西南横断山区的云南西北部、贵州、四川、西藏南部，三是南方的广东、广西、湖南、江西。东北地区和西南地区为天然林，南方地区为人工林。现有天然林资源 1.977 亿公顷，占全国森林面积的 64%、森林蓄积量的 83% 以上①。

---

① 中国现有森林资源的特点［EB/OL］.［2024-2-7］. https://www.docin.com/p-266191266.html.

2. 人均资源占有量小

2022 年人均林地面积 0.156 公顷，人均面积不及世界平均水平的 1/3；人均林地蓄积量 12.44 立方米，不及世界人均 56 立方米的 1/4。

3. 树种丰富①

中国是世界上森林树种，特别是珍贵稀有树种最多的国家，现有森林树种 8000 余种，仅乔木就有 2000 多种，而材质优良、树干高大通直、经济价值高、用途广泛的乔木树种有千余种。北半球的主要树种是针叶类的松、杉，全球约有 30 属，而中国就有 20 属、近 200 种，其中，水杉属、银杉属、金钱松属、水松属、台湾杉属、油杉属、福建柏属和杉木属等 8 个属于中国特有。阔叶树更丰富，中国达 200 属之多，其中，珙桐属、杜仲属、旱莲属、山荔枝属、香果树属和银鹊树属等等是中国的特有树种，而且树种数量很大。中国的竹子种类、竹材和竹制品产量居世界首位，中国有 26 属、近 300 个品种，占全世界竹子属的一半。

4. 经济林异常丰富

中国的经济林分布非常广泛，从东到西，从南到北，凡是有森林分布的地方，几乎都生长着各种各样的经济林，如大枣、油茶、板栗、核桃、荔枝、茶树、柿子等。

二、草地资源

根据《2022 年中国自然资源统计公报》，2022 年，全国共有草地 26428.5 万公顷。其中，天然牧草地 21329.4 万公顷，占 80.71%；人工牧草地 58.7 万公顷，占 0.22%；其他草地 5039.1 万公顷，占 19.08%（见表 4 - 27），可见，草地资源主要是天然牧草场。从表 4 - 28 可以看

---

① 中国现有天然林资源占全国森林面积的 64% ［EB/OL］．（2021 - 2 - 23）［2024 - 2 - 7］．http：//www.wood168.net/src/newsdetail.asp？this=54059.

出,中国的草地资源主要集中在西藏、内蒙古、新疆、青海,分别为8004.56万公顷、5398.73万公顷、5239.98万公顷、3944.25万公顷,四省区共有草场面积2258.75万公顷,占85.47%。从人均数来看,人均数最多的是西藏,达21.991公顷,其次是青海,6.629公顷,最后是内蒙古和新疆,分别是2.249公顷和2.026公顷。

表4-27   中国草地资源情况表

地区	草地面积（万公顷）	占比（%）
全国	26428.5	100
天然草地	21329.4	80.71
人工牧草地	58.7	0.22
其他草地	5039.1	19.08

资料来源:《2022年中国自然资源统计公报》。

表4-28   中国分地区草地资源情况表

地区	人口（万人）	草地面积（万公顷）	人均草地面积（公顷）
全国	141175	26428.5	0.19
北京	2184	1.45	0.001
天津	1363	1.41	0.001
河北	7420	192.01	0.026
山西	3481	305.72	0.088
内蒙古	2401	5398.73	2.249
辽宁	4197	47.81	0.011
吉林	2348	63.62	0.027
黑龙江	3099	117.28	0.038
上海	2475	1.76	0.001
江苏	8515	10.17	0.001
浙江	6577	7.85	0.001
安徽	6127	5.61	0.001

地区	人口（万人）	草地面积（万公顷）	人均草地面积（公顷）
福建	4188	7.51	0.002
江西	4528	9.52	0.002
山东	10163	24.31	0.002
河南	9872	24.61	0.002
湖北	5844	9.33	0.002
湖南	6604	13.98	0.002
广东	12657	24.07	0.002
广西	5047	27.91	0.006
海南	1027	1.79	0.002
重庆	3213	2.51	0.001
四川	8374	960.81	0.115
贵州	3856	19.20	0.005
云南	4693	131.14	0.028
西藏	364	8004.56	21.991
陕西	3956	219.20	0.055
甘肃	2492	1411.40	0.566
青海	595	3944.25	6.629
宁夏	728	199.02	0.273
新疆	2587	5239.98	2.026

资料来源：《2023 中国统计年鉴》。

三、湿地资源

2022 年，全国共有湿地 2356.87 万公顷，其中，红树林地面积 2.9 万公顷，占 0.12%；森林沼泽面积为 220.7 万公顷，占 9.36%；灌丛沼泽面积 75.4 万公顷，占 3.2%；沼泽草地面积为 1112.9 万公顷，占 47.21%；沿海滩涂面积为 149.9 万公顷，占 6.36%；内陆滩涂面积为 602.4 万公顷, 占 25.55%; 沼泽地面积为 193.2 万公顷, 占 8.19%。从表 4-29 可以看出, 中国湿地集中在内地, 最大面积是青海省, 达到 510.01 万公顷, 其次是西藏, 429.92 万公顷, 内蒙古和黑龙江分别达到 379.66 万公顷、348.73 万公顷, 4 个省区总和达到 1668.83 万公顷, 占全国湿地的 70.79%。

表 4-29　　　　　　中国分地区湿地资源情况表

地区	人口 (万人)	湿地面积 (万公顷)	人均湿地面积 (公顷)
全国	141175	2356.87	0.017
北京	2184	0.3	0.000
天津	1363	3.27	0.002
河北	7420	13.67	0.002
山西	3481	4.93	0.001
内蒙古	2401	379.66	0.158
辽宁	4197	29.59	0.007
吉林	2348	22.30	0.009
黑龙江	3099	348.73	0.113
上海	2475	7.14	0.003
江苏	8515	40.81	0.005
浙江	6577	15.78	0.002
安徽	6127	4.31	0.001
福建	4188	18.67	0.004
江西	4528	22.63	0.005
山东	10163	24.65	0.002
河南	9872	3.56	0.000
湖北	5844	4.97	0.001
湖南	6604	23.21	0.004
广东	12657	17.70	0.001
广西	5047	12.59	0.002

地区	人口（万人）	湿地面积（万公顷）	人均湿地面积（公顷）
海南	1027	12.16	0.012
重庆	3213	1.47	0.000
四川	8374	122.96	0.015
贵州	3856	0.70	0.000
云南	4693	3.63	0.001
西藏	364	429.92	1.181
陕西	3956	4.74	0.001
甘肃	2492	118.32	0.047
青海	595	510.01	0.857
宁夏	728	2.54	0.003
新疆	2587	151.98	0.059

资料来源：《2023 中国统计年鉴》。

第五节　海洋资源

中国海岸线长度约 3.2 万公里。其中，大陆海岸线长 1.8 万多公里，占 56.25%；岛屿岸线长 1.4 万多公里，占 43.75%。中国共有海岛 11000 余个，总面积约占陆地总面积的 0.8%。拥有海洋生物 2 万多种。中国的沿海地区指有海岸线（大陆岸线和岛屿岸线）的省（区、市）有 14 个，包括辽宁、河北、天津、山东、江苏、上海、浙江、福建、广东、广西和海南以及香港、澳门和台湾地区。

从表 4-30 可以看出，2022 年中国海洋矿业（主要是油气）发展迅速，增速达到 62.75%，海洋电力（主要是风电）发展速度达到 20.9%，海洋生物医药增速达到 7.1%，海洋交通运输增长 6%，海洋工程达到 5.6%，而海洋旅游增加值达到 13109 亿元。

表 4 - 30　　　　　　　　2022 年中国海洋资源利用情况表

指标	总量（亿元）	增速（%）
海洋渔业	4343	3.1
沿海滩涂种植业	2	1.0
海洋矿业（含油气）	2936	62.75
海洋盐业	44	-1.4
海洋化工业	4400	-2.8
海洋药物和生物制品业	746	7.1
海洋工程建筑业	2015	5.6
海洋电力业	395	20.9
海洋交通运输业	7528	6.0
海洋旅游业	13109	-10.3
合计	35518	

资料来源：根据《2022 年中国海洋经济统计公报》整理。

第五章　自然资源宏观调控

第一节　土地资源宏观调控

新中国成立以来，中国的土地制度经历了四个阶段的变化。第一阶段：土地改革，将封建土地所有制改成农民土地所有制；第二阶段：将农民土地所有制改成土地集体所有制（城市土地属国家所有，农村土地，除法律规定属国有外，为集体所有）；第三阶段：实行家庭联产承包责任制，保留农村土地和主要的生产资料为集体所有，土地经营权由农户所有；第四阶段：土地流转制度，农村土地由两权（土地所有权和承包经营权）变为三权（土地所有权、承包权和经营权）。

一、主体功能区战略

（一）主体功能区的划分依据

2010年12月21日，《国务院关于印发全国主体功能区规划的通知》将特定区域确定为特定主体功能定位类型的一种空间单元。主体功能区是各地区所具有的、代表该地区的核心功能，是自身资源环境条件、社会经济基础所决定的，也是更高层级的区域所赋予的职能。

主体功能区的划分，主要根据资源承载力和开发适宜度，将国土空间划分为重点开发区、优化开发区、限制开发区和禁止开发区。这里的资源环境承载力，是指在现有的技术经济条件下，最大负荷与实际负荷的差额。实际负荷是指开发强度/资源环境容量。开发适宜度是指国土空间单元在开发条件和在一个区域系统里承担某种功能的比较优势。

（二）主体功能区的类型

按照不同的分类标准，主体功能区有不同的分类。

1. 按开发内容划分

按开发内容划分，主体功能区可划分为城市化地区、农产品主产区和重点生态功能区（见表5–1）。

表5–1　　　　　　　主体功能区比较（按开发内容分）

主体功能区	内涵	主要功能	其他功能
城市化地区	以提供工业品和服务产品为主体功能，也提供农产品和生态产品。包括重点开发区和优化开发区	提供工业品和服务产品	农产品和生态产品
农产品主产区	以提供工业品和服务产品为主体功能，也提供农产品和生态产品。由七个区域组成。	提供农产品	生态产品、服务产品和部分工业品
重点生态功能区	限制大规模高强度工业化城镇化开发	提供生态产品	农产品、服务产品和工业品

2. 按开发方式分

按开发方式划分，主体功能区划分为：重点开发区、优化开发区、限制开发区和禁止开发区四大区域[①]（见表5–2）。

---

① 国务院关于印发全国主体功能区规划的通知（国发〔2010〕46号）[EB/OL]．（2010–12–21）[2024–2–24]．https：//baike．so．com/doc/8217574–8534562．html．

表 5 – 2　　　　　　　　　主体功能区比较（按开发方式分）

主体功能区	内涵	主体功能	发展方向
重点开发区	资源环境承载容量大、开发适宜度高地区。	提供工业品和服务产品	有一定经济基础、资源环境承载能力较强、发展潜力较大、人口集聚和经济条件较好，应该重点工业化城镇化开发的城市地区
优化开发区	开发适宜度高、资源环境承载力有限地区。	提供工业品和服务产品	经济较发达、人口较密集、开发强度较高、资源环境问题更加突出，应该优化工业化城镇化开发的城市化地区
限制开发区	资源环境承载力小、开发适宜度低的地区。	提供农产品或提供生态产品	分两类：一是农产品主产区。从保障国家农产品安全及中华民族永续发展的需要出发，必须把增强农业综合生产能力作为发展的首要任务，限制大规模、高强度工业化、城镇化开发；二是重点生态功能区。生态系统脆弱或生态功能重要，不具备大规模、高强度工业化、城镇化开发的条件，必须把增强生态产品生产能力作为首要任务
禁止开发区	无论资源环境承载力高低，都不适宜开发地区。	提供农产品或提供生态产品	依法设立的各级各类自然文化资源保护区域及其他禁止工业化城镇化开发、需要特殊保护的重点生态功能区。包括国家层面的国家级自然保护区、世界文化自然遗产、国家级风景名胜区、国家森林公园和国家地质公园；省级及以下各级各类自然文化资源保护区域、重要水源地和其他省级人民政府根据需要确定的禁止开发区域

3. 按层级分

按层级划分，则分为国家和省级两个层面，即国家层面的是国家主体功能区，省级层面的是省级主体功能区。

主体功能区的功能关系如图 5 – 1 所示。

（三）国家层面的主体功能

国家层面的主体功能区按照优化开发区、重点开发区、限制开发区和禁止开发区四类划分，共有 28 个，其中，国家级优化开发区（3个）、国家级重点开发区（18 个）、国家级限制开发区（含 7 大优势农产品主产区及其 23 个产业带和 25 个国家重点生态功能区）、国家级禁止开发区（5 类）。

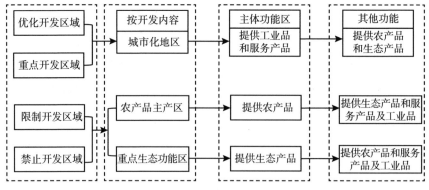

图 5-1 主体功能区与功能关系图

二、国土空间规划

党中央非常重视国土空间的用途管制。2013 年，中国共产党第十八届三中全会通过了《中共中央关于全面深化改革若干重大问题的决定》，指出要"完善自然资源监管体制，统一行使所有国土空间用途管制职责"；2015 年中共中央、国务院印发了《生态文明体制改革总体方案》，明确要求"构建以空间规划为基础、以用途管制为主要手段的国土空间开发保护制度"；2015 年通过了《中共中央关于制定国民经济和社会发展第十三个五年规划的建议》，提出要以主体功能区规划为基础统筹各类空间性规划，推进"多规合一"，以市县级行政区为单元，建立由空间规划、用途管制、领导干部自然资源资产离任审计、差异化绩效考核等构成的空间治理体系；2017 年国家启动省级空间规划试点，探索建立统一的空间规划体系和国土空间用途管制制度；2018 年中共中央印发了《深化党和国家机构改革方案》，组建自然资源部，"统一行使所有国土空间用途管制和生态保护修复职责""建立空间规划体系并监督实施"的职责；2019 年印发了《中共中央 国务院关于建立国土空间规划体系并监督实施的若干意见》，指出到 2025 年，形成以国土空间规划为基础，以统一用途管制为手段的国土空间开发保护制度①。

《中共中央 国务院关于建立国土空间规划体系并监督实施的若干意见》对国土空间规划体系组成及其相互关系做了详细规定。国土空间由总体规划、详细规划和相关专项规划组成；国家、省、市、县编制国土空间总体规划，各地结合实际编制乡镇国土空间规划；相关专项规划是指在特定区域（流域）、特定领域，为体现特定功能，对空间开发保护利用作出的专门安排，是涉及空间利用的专项规划。国土空间总体规划是详细规划的依据、相关专项规划的基础；相关专项规划要相互协同，并与详细规划做好衔接。

（一）国土空间规划的内涵

国土空间规划是指对一定区域国土空间开发保护在空间和时间上的安排，它是国家空间发展的指南、可持续发展的空间蓝图和各类开发保护建设活动的基本依据。

国土空间规划是个规划体系，综合考虑了多重因素：人口分布、经济布局、国土利用、生态环境保护等，对"三生空间"（生产空间、生活空间、生态空间）进行科学布局，对新时代国土空间开发保护格局进行整体谋划。国土空间规划是"多规合一"的规划，它将主体功能区规划、土地利用规划、城乡规划等空间规划融合为一体，目的是强化国土空间规划对其他各专项规划的指导约束作用。

（二）国土空间规划的组成

国土空间规划体系由编制体系、审批体系、监管体系、法规政策体系和技术标准体系组成。

1. 编制体系

国土空间规划分为三类五级："三类"是指总体规划、详细规划和

---

① 何谓国土空间用途管制？［EB/OL］.（2021 - 02 - 19）［2024 - 3 - 09］. https：//www. sohu. com/a/451545189_275005.

专项规划三类规划；"五级"是指规划层级由国家、省、市、县、乡的五个行政层级组成。

（1）总体规划。

总体规划是指将主体功能区规划、土地利用规划和城乡规划等空间规划融合为统一的国土空间规划。总体规划纲要以"三区三线"为基础，三类控制线范围的面积占整个陆域国土面积不到50%。这里的"三区"是指农业、生态、城镇三个功能区，"三线"是指耕地保护红线、生态保护红线和城镇开发边界。实践中，在划定"三线"时要体现耕地保护优先原则，要先划出耕地保护红线、生态保护红线，再划出城镇开发边界，倒逼土地节约集约利用，促进经济社会绿色转型，并通过国土空间规划"一张图"来协调各类专项规划的关系，真正落实"多规合一"和空间治理的数字化转型。

（2）详细规划。

详细规划是指在城乡规划和土地利用规划协调一致情况下，在城区范围内可以修编的控制性规划。在城镇，详细规划是指导城市更新和各类建设的依据；在农村地区，详细规划（可以编制成村庄规划）是推动乡村振兴的蓝图。

（3）专项规划。

专项规划是国民经济和社会发展若干主要方面和重点领域的展开和具体化的规划。专项规划在国家和区域层面，是由专业部门牵头编制，经过国土空间规划统筹后，纳入国土空间规划"一张图"，保障专项规划的落地实施，在市、县层面，是由自然资源部门牵头，会同相关部门，结合总体规划来同步推进①。

2. 审批体系

国土空间规划的审批由国务院、省（区、市）、地市级政府和县级

---

① 首部全国国土空间规划纲要编制完成［EB/OL］.（2022 - 09 - 22）［2024 - 3 - 10］.https：//www.toutiao.com/article/7146196882983911943/？log_from = 1cf8f513a660c_16638938500306&wid =1710058495577.

政府组成。省级国土空间规划和国务院审批的市级国土空间总体规划由国务院审批；地市级规划由省级政府审批，县级规划由地市级政府审批，乡镇国土规划由县级政府审批。

3. 监督体系

国土空间规划监督体系由三个部分组成。一是"一张图"的监督体系。该体系将国土空间规划全部纳入其中，实现从宏观到微观对整个国土空间实施全域、全要素、全生命周期的管理，做到对每一块土地、每一个项目都得到监管。二是监督评估预警体系。结合每年度的国土变更状况调查和其他调查监测结果，该体系包括地理国情的监测结果等，实施动态监测评估预警。三是结合国土"三调"数据，形成全国 108 个国务院批准城市的规划体检、规划评估和用途管制改革。

4. 法规政策体系

国土空间规划的法规政策体系包括《土地管理法》《土地管理法实施条例》《黑土地保护法》以及党中央、国务院印发的《关于加强耕地保护和改进占补平衡的意见》、国务院颁发的关于坚决制止耕地"非农化"、防止耕地"非粮化"的文件。2021 年修订的《土地管理法》规定：各类建设开发保护活动必须遵循国土空间规划，已经编制国土空间规划的，不再编制土地利用总体规划和城乡规划。

5. 基础标准体系

自然资源部、国家标准委员会印发了《国土空间规划技术标准》三年行动计划，从通用基础、编制审批、监督实施和信息技术四个方面加快构建统一的技术标准体系。

（三）国土空间规划遵循的原则

国土空间规划，应遵循以下原则①：

---

① 国土空间规划［EB/OL］.［2024 – 3 – 10］. https：//baike. so. com/doc/30472447 –
32113440. html.

（1）坚持生态优先、绿色发展原则。

（2）坚持节约优先、保护优先、自然恢复为主的方针。

（3）坚持山水林田湖草海沙生命共同体理念，加强生态环境分区管治，量水而行。

（4）坚持陆海统筹、区域协调、城乡融合，优化国土空间结构和布局。

（5）坚持上下结合、社会协同，完善公众参与制度，发挥不同领域专家的作用。

（四）三条控制线

所谓的三条控制线是指，生态保护红线、城镇开发边界和永久基本农田保护线。生态保护红线要保证生态功能的系统性和完整性，永久基本农田保护线要保证适度合理的基本农田规模和稳定性，城镇开发边界要避让重要生态功能，不占或少占永久基本农田。

1. 生态保护红线

生态保护红线是指根据生态功能划定的、在生态空间范围内具有特殊重要生态功能、必须强制性严格保护的区域。生态保护红线包括三个部分：（1）生态功能极重要区域；（2）生态极敏感区域；（3）其他经评估目前虽不能确定但具有潜在重要生态价值的区域和优化后的自然保护地。这里，生态功能极重要区域是指，通过生态重要性评价，将具有重要水源涵养、生物多样性维护、水土保持、防风固沙、海岸防护等功能的生态功能极重要区域；生态极敏感区域是指，生态极敏感脆弱的水土流失、沙漠化、石漠化、海岸侵蚀等区域。自然保护地包括国家公园、自然保护区、自然公园①。生态保护红线涵盖所有国家公园、自然保护区以及森林公园、风景名胜区等其他保护地里具有重

① 中共中央 国务院关于建立国土空间规划体系并监督实施的若干意见［N］. 人民日报，2019 年 5 月 24 日 01 版.

要生态功能的区域，生态保护红线比保护地的范围更大。

2. 城镇开发边界

城镇开发边界是指，为了合理引导城镇、工业园区发展，有效保护耕地与生态环境，以城镇开发建设现状为基础，基于资源承载能力、人口分布、经济布局、城乡统筹、城镇发展阶段和发展潜力，划定的一条或多条闭合边界，包括现有建成区和未来建设预留空间。

城镇开发边界划定遵循以下步骤：边界定位——建设适宜性评价——发展现状和风险评估——发展规模确定——空间格局确定——开发边界初步划定——开发边界综合确定。

（1）边界定位。落实国家和区域发展战略，依据上级国土空间规划要求，明确城镇定位、性质和发展目标。

（2）建设适宜性评价。根据城镇建设功能，对城镇土地资源、水资源、气候、环境、灾害、区位等单项评价，集成得到城镇建设适应性，划分为适宜、一般适宜、不适宜三个等级。

（3）发展现状和风险评估。摸清城镇建设用地现状和空间分布；分析现行城乡规划、土地利用规划等空间性规划和国土空间开发保护情况，评估国土空间面临的水平衡等潜在风险和重大挑战，并提出相应的优化方案和应对措施。

（4）发展规模确定。根据城镇人口的发展趋势与结构特征、经济发展水平与产业结构、城镇发展阶段与城镇化水平，落实上级国土空间规划的规模要求，提出行政辖区内不同城镇的人口和用地规模。

（5）空间格局确定。综合研判城镇主要发展方向，平衡全域和局部、近期和远期、供给和需求的关系，综合运用城市设计、大数据等方法，考虑延续历史文脉、控制生态廊道等因素，提出城镇的空间结构和功能布局（位欣，2019）。

（6）开发边界初步划定。将城镇开发区分为：集中建设区、弹性发展区和特别用途区。

①集中建设区。集中建设区是指根据城镇发展定位和空间格局，

依照国土空间规划中确定的城镇建设用地规模，将集中连片、规模较大、形态规整的地域确定为城镇集中建设区。现状建成区、规划的集中连片的城镇建设区和城中村、城边村，依法合规设立的各类开发区，国家、省、市确定的重大建设项目用地等应划入城镇集中建设区。

②弹性发展区。弹性发展区是指有弹性的城镇发展区域。城镇弹性发展区的面积规模，原则不超过城镇集中建设区面积的 15%，其中 300 万人至 500 万人城市的弹性发展区的面积，原则上不超过城镇集中建设区面积的 8%，特大城市、超大城市或收缩城镇及人均用地明显超标的城镇，应在 8% 基础上进一步收紧弹性发展区所占比例。同时，弹性发展区要在与城镇集中建设区充分衔接、关联的基础上，合理划定弹性发展区，做到规模适度、设施支撑可行。

③特别用途区。特别用途区是指对城镇功能和空间格局有重要影响、与城镇空间联系密切的山体、河湖水系、生态湿地、风景游憩空间、防护隔离空间、农业景观、古迹遗址等地域空间，以及对于影响城市长远发展，在规划期内不进行规划建设，也不改变现状的留白空间。特别用途区应做好与城镇集中建设区的蓝绿空间衔接，形成完整的城镇生态网络体系。

（7）开发边界综合划定。根据预测建设用地与"三调"数据中的建设用地现状做对比，得到规划期的建设用地发展规模，结合城镇开发适宜性评价与城镇发展定位综合进行城镇开发边界的综合划定，在划定的过程中科学预留一定比例的留白区，为未来发展留下城镇建设空间。城镇发展不得违法违规侵占河道、湖面、滩地。

3. 永久基本农田保护红线

永久基本农田是为保障国家粮食安全和重要农产品供给而实施永久特殊保护的耕地。它是指全国耕地总数目要保持在 18 亿亩以上。"基本农田"这个概念是 1998 年提出的，是指一定时期内根据人口与社会经济发展对农产品的需求，根据土地利用总体规划的规定，而确定的不可占用的耕地。基本农田保护区是指依据土地利用总体规划和依照法定程序对基本农田实行特殊保护的区域。2008 年，中国共产党十七届三中全会提出"永久基本农田"概念，实际上是指基本农田的永久保护。

（1）提出背景

①土地的客观条件

中国人口多、耕地少，耕地后备资源不足，维护国家粮食安全，保持社会稳定，始终是一个重大问题。据统计，中国耕地的复种指数逐年提高，由 1952 年的 131% 提高到 2000 年的 158%，但要继续提高复种指数的空间有限；粮经比（指某地区在特定年份粮食作物和经济作物之比，包括面积比和产值比，一般多用面积比表示）仍在高位，预计到 2030 年的粮经比将下降到 62%，但仍高于 46% 的世界平均水平。按以上算法，到 2030 年，如果实现中国粮食完全自给，需要耕地面积为 19.47 亿亩；如果实现粮食 95% 的自给，则需要耕地面积 18.5 亿亩（汤小俊，2007）。

②工业化和城市化占用大量基本农田

根据 2005 年的土地变更调查，到 2006 年 10 月 31 日，中国的耕地面积为 18.27 亿亩，而在 1996 年，中国的耕地数量还维持在 19.51 亿亩，10 年间中国的耕地少了 1.24 亿亩，人均耕地面积也由 1.59 亩降到 1.39 亩[①]。

2006 年初，第十届全国人大四次会议通过了《国民经济和社会发展第十一个五年规划纲要》，提出了 18 亿亩耕地是未来五年具有法律效力的约束性指标，是一道不可逾越的红线。

18 亿亩基本农田保护红线的提出，是为了保障农业安全和社会稳定。优先把城镇周边易被占用的优质耕地划为永久基本农田，严控城市化进程加快对耕地尤其是对城市周边地区优质耕地的挤占，给子孙

---

① 18 亿亩红线 [EB/OL].［2024 - 2 - 20］. https：//baike. so. com/doc/933984 - 987219. html.

后代留下良田沃土。

（2）守住永久基本农田保护红线的关键

永久基本农田是发展中国农业的重要基础，也是国家粮食安全的重要保障。守住18亿亩耕地红线的关键是守住两个原则：一是落实"占一补一"的动态平衡原则；二是坚持集约利用土地原则。"占一补一"是指经过批准的非农业建设占用耕地，要按照"占多少，垦多少"的原则，补充与所占耕地数量和质量相当的耕地。实现"占一补一"动态平衡，关键是后备资源和资金。集约利用土地，是指提高土地的利用率和土地利用效率。

（3）守住永久基本农田的措施。

①强化耕地用途管控。2008年10月12日，《中共中央关于推进农村改革发展若干重大问题的决定》（简称《决定》）提出："坚持最严格的耕地保护制度，层层落实责任，坚决守住18亿亩耕地红线。""实行最严格的节约用地制度，从严控制城乡建设用地总规模。"要严格落实《决定》提出的"耕地实行先补后占，不得跨省区市进行占补平衡"的精神，地方各级政府主要负责人应对本行政区域内的耕地和基本农田保护面积负总责。

②完善基本农田保护制度。基本农田保护制度是耕地保护政策体系的核心之一，承担着保护耕地最精华部分的职责。要通过行政、经济、技术等手段，巩固完善现有的基本农田保护制度，使其成为永久基本农田的保障。

③做好"三结合"。第一，永久基本农田划定要与各类规划紧密结合。由于现存有多种规划：国民经济和社会发展规划、土地利用总体规划、城乡建设规划、农业发展规划、生态环境建设规划、基本农田专项规划，因此，在划定永久基本农田时要与各种规划相协调，统一在国土空间规划下。第二，永久基本农田划定要与农用地分等定级的成果以及第三次土地调查的数据相结合，将高等优级的耕地划入，并在精准地籍的基础上划定永久基本农田。第三，永久基本农田划定要

与土地整理项目相结合，将经过土地整理的耕地优先划入永久基本农田。

④建立永久基本农田保护补偿机制。为了确保基本农田总量不减少、用途不改变、质量有提高，需要建立永久农田保护补偿机制，把永久基本农田严格保护起来。要通过整合国土资源、农业综合开发以及财政、农业、水利等部门的惠农资金，制定惠农政策，建立科学的永久基本农田补偿金制度①。

第二节　矿产资源宏观调控

一、矿产资源宏观调控概述

（一）矿产资源宏观调控的必要性

矿产资源宏观调控的必要性在于矿业市场的失灵，政府为弥补矿业市场的失灵而采取宏观调控政策。

1. 矿产资源产权失灵

产权是市场经济存在的基本前提，产权是否明晰、转让是否顺畅、法律保护是否严格，决定着资源配置的成本及其效率，但是市场经济本身无法界定产权，更无法保护产权，因此，光靠市场的行为，就会出现产权失灵。

产权失灵是指产权不存在或者产权的作用受到限制而出现的资源配置低效甚至无效的现象。与"市场失灵"和"政府失灵"相对应的

---

① 永久基本农田 ［EB/OL］. ［2024 - 2 - 21］. https：//baike. so. com/doc/30515368 - 32 315418. html.

更深层次的失灵是"产权失灵"。产权失灵是市场失灵的重要原因。产权失灵的领域越大，导致市场失灵的领域也越大。

矿产资源产权是指矿产资源所有权（狭义）、占有权、使用权、处置权、收益权。矿业权是指矿产资源的探矿权、采矿权。

矿产资源产权失灵实际上是矿产资源产权的无效或低效。比如，无证开采、越界开采、以采代探、非法转让矿业权实际上是矿业权失灵的表现。造成矿产资源产权无效或低效的原因主要是政府的干预或缺位，政府的行政干预使矿产资源产权的某些权能无法发挥或无法正常发挥，而政府部门的缺位也使矿产资源产权的某些权能超越其范围发挥作用。

2. 矿业活动的负外部性

矿业活动具有较强的外部性，可分为正的外部性与负的外部性。正的外部性是指矿产资源开发企业的私人收益＜社会收益，或私人成本＞社会成本，给社会带来积极的影响。比如，中国的矿城，不少是因为矿产资源开发才成为城市，如果没有矿产资源开发，就没有这个城市。另外，矿产资源开发带动地区经济的发展，增加税收和就业，也是正的外部性。

矿产资源开发的负外部性是指矿产资源开发企业的私人收益＞社会收益或私人成本＜社会成本，给社会带来的负面影响。比如，矿山开采造成地表植被的破坏、地下水水位下降带来的地质灾害，尾矿堆积，破坏生态环境等，这些都是负的外部性。

但进一步分析，不同的矿山开发，带来的生态环境破坏是不一样的。

（1）不同规模矿山对生态环境影响程度不同（吴文盛等，2021）。

①大型矿山对环境的影响较大。大型（含地下）矿山的开采，尤其是大型沉积型矿山，会造成大面积地下水潜水面下降，对生态环境的破坏较大。尤其是大型露天煤矿开采（地表开采）及大型露天铁矿的开采，因剥离表土和废石、尾矿堆放，会造成占地和地表生态严重

破坏，可能导致塌陷、崩塌、滑坡、泥石流等地质灾害，需要重点关注和整治，但如果采用回填技术，所造成的地质灾害可大大减少。

②中小型矿山开采对环境的影响不大。中小型矿山的开采，只要控制住废水，使其不流入河流和农田，保护地下水不受污染，并处理好废石和尾矿的堆放问题，其对生态环境的破坏仍属于可控范围内的点状污染，环境影响不大。如果采用绿色开采技术（如地下开采和废石回填），边开采边治理，其环境影响程度可以控制在较小范围内。当前突出的问题是中小型矿山的资金实力弱、技术实力差，环境治理动力不足，需要政府伸出援手，帮助中小型矿山解决环境影响问题。

（2）不同开发阶段对生态环境影响程度不同。

一般认为，矿产资源开发过程分为三个阶段：第一，开采前阶段，包括普查、详查、勘探三个勘查阶段；第二，开发利用阶段，指开采阶段；第三，闭坑阶段，即开采后阶段。由于这三个开发阶段对生态环境的影响不同，对应的生态恢复治理方式也不相同，因此，所采取的治理政策和治理措施不同。

①开采前阶段的影响。在勘查阶段，有些勘查活动需要使用钻机、挖探槽，少部分需要挖巷道（坑探），但因其挖掘的土方量有限，对环境的扰动很小。只要控制好打钻的废水，使其不流入农田和溪流，控制挖掘土方的堆放位置，确保点状污染源不变成线状污染源，则其影响程度很小。

②开采阶段的影响。开采阶段分为两种情况：一种是矿山生产周期＞（矿山环境恢复治理保证金＋矿山环境治理恢复基金）颁布的时间，这时，矿山企业应承担的责任年限＝（矿山环境恢复治理保证金＋矿山环境治理恢复基金）颁布的时间，政府承担的周期＝矿山生产周期＝（矿山环境恢复治理保证金＋矿山环境治理恢复基金）颁布的时间；另一种是矿山生产周期＜（矿山环境恢复治理保证金＋矿山环境治理恢复基金）颁布的时间，矿山企业承担的责任年限＝矿山生产周期时间内的矿山治理恢复责任。

③开采后阶段的影响。对于老矿山而言，由于历史原因，没有规定应收取矿山环境恢复治理保证金或矿山环境治理恢复基金，因此，应按照"老矿山老办法"的原则进行处理，由政府承担恢复治理的全部费用。如果生产周期较短，矿山企业已经闭坑，矿山企业生产周期<（矿山环境治理恢复保证金＋矿山环境恢复治理基金）颁布的时间，则责任应由矿山企业或第三方承担。

（3）不同开采方式对生态环境影响程度不同。

根据矿床埋藏深度的不同和技术经济合理性的要求，矿山开采分为露天开采和地下开采两种方式。接近地表和埋藏较浅的部分采用露天开采方式，深部则采用地下开采方式。一般来说，地下开采会影响地下的应力结构和地下潜水面，因此，只要做好安全防护，不会对地下的环境产生影响。但露天开采，会对大气、地表和水产生负面的环境影响。露天开采，多为煤、油页岩、铁矿、铝土矿等层状分布的沉积型矿床，在生产过程中重要的环节是掘沟、剥离和采矿，其下降速度的快慢、新水平准备时间的长短，主要取决于掘沟速度。为保证露天矿持续正常的生产，掘沟、剥离和采矿三者之间，在空间和时间上必须保持一定的超前关系，遵循"采剥并举，剥离先行"的原则组织生产。

（4）油气开发对生态环境影响可控。

油气大都是埋藏在几千米深的地下，上部有盖层，只要保持正常生产，则其对环境的影响不大，但是如果出现钻井、采油污水随意排放、油气挥发和燃烧、采油过程的"跑冒滴漏"、生产事故等问题，则其对环境的影响较大。不过，只要加强对生产过程中的管理，减少生产事故和"跑冒滴漏"情况的发生，并做好污水处理，油气田开发对生态环境的影响可以控制在很小范围内。

综上所述，不能笼统地说矿产资源开发带来严重的生态破坏和环境污染，而应根据不同类型的矿产资源开发对环境扰动的特点不同，采取差异化的措施。

3. 矿业活动的强垄断性

首先，矿床产出的单一性。矿产资源是在特定成矿作用下形成的，多为不可再生，就其产出位置来说是独一无二的，因此，就单个矿床来说，其开发具有完全垄断性。在矿产资源开发领域，市场机制的作用会失灵，因此，需要政府这只强有力的手来调节。

其次，矿产勘查具有探索性。从节约成本的角度和对未知矿床认知的角度来看，在一定时间内由一个勘查单位来施工最经济，也最符合矿产勘查规律。

最后，规模经济的要求。规模经济是指生产规模扩大而引起经济效益增加的现象。规模经济反映的是生产要素的集中程度同经济效益之间的关系。相反，规模不经济是指生产规模扩大而引起经济效益递减的现象。从规模经济的角度来看，一个矿床或一条矿脉甚至一个矿田由一家矿山企业来开采更符合规模经济的要求，相反，同时由几家矿山企业来开采是规模不经济的。

矿业活动的垄断性表明：矿业权市场和矿产品市场注定是个不完全竞争的市场，甚至是垄断性很强的市场，市场机制在矿业权市场和矿产品市场的作用会失灵。

4. 矿业活动的不完全信息与不对称信息

（1）矿业活动的不完全信息。

由于矿床是数以百万年甚至数亿年地质作用的产物，人类看不见、摸不着，无法体验，而且绝大部分矿产资源埋藏地下，具有隐蔽性和复杂性，因而矿产勘查具有探索性强、风险巨大等特点。而矿产勘查是地质技术人员在找矿理论的指导下，用有限的勘查手段与勘查方法研究地质作用形成的矿床，最后形成对地下矿床的认识结果——地质报告，在这个过程中存在着大量的信息不完全，也不可能获得完全信息。

（2）矿业市场交易的信息不对称。

矿产资源开发面临两个市场：一个是矿产品交易市场，另一个是矿业权市场。矿产品交易市场属于原材料市场，其产品大家比较熟悉，这里不再多言。

矿业权市场是指矿业权（探矿权和采矿权）出让、流转所形成的交易关系的总和。矿业权市场不仅具有一般市场的特征，而且又有别于一般市场的特殊性。

矿业权市场区别于一般市场的特征是：

①矿业权商品的稀缺性。矿业权商品（以地质报告形式展示）依附于矿产资源，而矿产资源是一种耗竭性资源，再加上其天然属性，使矿业权的供给弹性很小，具有稀缺性。

②交易客体是矿产资源使用权而非矿产资源所有权。这是中国矿产资源国家所有的性质所决定的。中国的《宪法》《矿产资源法》及其相关法律都规定矿产资源所有权不能出让。

③交易实体的非移动性。矿业权在交易过程中，所依附的矿产资源不能移动，只发生货币和地质报告的移动，其实质是矿产资源使用资格（采矿权或探矿权许可证及相应的地质报告）的交易。因此，矿业权交易往往以矿业权的产权证书及地质报告为依据，权利的取得必须以法律为依据，并按权属管理的需要进行变更登记，使交易得到法律确认。

④矿业权具有期限性。探矿权人（采矿权人）取得探矿权或采矿权资格后，必须按照一定的开采规模、勘探进度在规定的时间内完成勘探、采矿任务，因此，矿业权的行使是有时间限制的。

⑤矿业权商品的价值体现在地质报告上。地质报告是矿床信息的载体，地质报告的质量越高，所体现的储量及前景越好，交易价格越高。

⑥矿业权商品的单一性。通常，一个区块的矿业权商品（地质报告）只有一件，换句话说，矿业权商品是典型的一家垄断，因此，其交易价格不能真实反映市场的供求状况和竞争状况，而只能反映矿业权的价值高低。

在矿业权交易过程中，交易双方存在着严重的信息不对称。

首先，由于一个区块矿业权商品只有一件，矿业权的购买者无法从其他矿业权商品的比较中获得此矿业权商品的准确信息；其次，由于矿产勘查本身存在信息不完全，因此，如果矿业权商品的卖者有意隐瞒信息，买者对地下矿床信息的了解就会更少。"买的毕竟不如卖的精"！最后，由于矿业权商品的生产过程（矿产勘查）监督难度大、监督成本高，加上人有机会主义倾向，矿业权商品的提供者即使有造假行为，也难以验证和辨别，因此，买者与卖者之间存在着严重的信息不对称。

5. 区域结构失衡

由于成矿条件的特殊性，矿产资源分布是不均衡性，而且矿产富集区往往与经济发达地区不重叠，也就是说，矿产资源富集区往往分布在经济落后地区和偏远山区，这些地区投资环境不好，吸引投资的能力相对较弱，这就需要政府给予政策倾斜，鼓励投资者到这些地区投资，将矿产资源富集区的资源优势转化为经济优势，缩小资源富集区与经济发达地区的差距，甚至避免资源诅咒。

（二）矿产资源宏观调控体系

1. 矿产资源宏观调控体系建立的背景

（1）当前中国经济正处于工业化发展后期，矿产资源的需求量（包括增长率）很大。

（2）矿产资源供需矛盾突出，大宗矿产品对外度高。

（3）矿产资源宏观调控是国民经济宏观调控的重要组成部分。

（4）中国矿产资源开发利用粗放。

2. 宏观调控政策体系设计应考虑的因素

（1）后续产业对矿产品的需求，它是后续产业需求的派生需求；

（2）矿产资源的分布特点，分布不均匀性决定了其开发利用和矿产品的供给状况；

（3）矿产资源开发现状，由当前的技术条件决定；

（4）国际矿业市场形势，任何一个国家都需要调节余缺（从国际市场购买本国短缺的矿产品）。国际上总体形势是供略大于求。

3. 调控体系总体框架

矿产资源宏观调控的总体框架见图5-2。

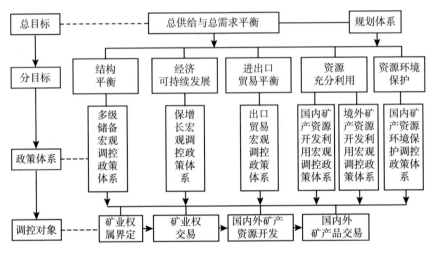

图5-2　矿产资源宏观调控体系框架

（1）调控目标。

调控目标包括总目标和分目标。总目标是实现矿产品总供给和总需求的平衡，包括量和质两方面。分目标包括五个方面。

①结构平衡。结构平衡目标是指矿产资源的需求结构与供给结构平衡，以维持物价的基本稳定。供给满足需求，需求拉动供给，两者形成互动关系。

②经济可持续发展。经济可持续发展目标是指为国民经济提供原材料和能源的矿产资源供给要确保国民经济可持续发展，同时矿产资源开发业本身也要可持续发展。

③资源充分利用。资源充分利用目标是指因为中国属于矿产资源相对比较短缺的国家，为确保矿产品的供给要通过政策引导与激励来

提高矿产资源的利用效率。

④矿产品进出口贸易平衡。矿产品进出口贸易平衡目标是指在中国优势矿种和短缺矿种共存的条件下，优势矿种的出口要能够在国际上拥有垄断和价格决定权，而劣势矿种要尽量多地进口以满足国民经济建设对矿产资源的需求，同时尽最大可能拥有一定的定价权和话语权。

⑤资源环境保护。资源环境保护目标是指在矿产资源相对贫乏和人口多、需求量大、开采技术相对落后的条件下，保护好有限的资源与环境对中国意义重大，减少浪费和破坏就等于多找到矿，健康的环境有利于正常的生产和生活。

（2）调控对象。

从内容上看，矿产资源宏观调控的对象包括矿业权属的界定、矿业权的市场交易、矿产资源勘查、国内外矿产资源开发、国内外矿产品交易和资源环境保护，从生产环节来看，包括矿产资源出让环节（矿业权出让）、占有环节（矿产资源普查、详查、勘探）、矿产资源开发环节（矿山开采）和生态环境恢复治理环节。

（3）调控手段。

①矿产资源开发规划体系。

矿产资源开发规划是指国家或地区在一定时期内为保障国民经济和社会发展对矿产资源的需求，达到有效保护、合理开发利用矿产资源和保护矿山环境为目标，根据矿产资源特点，对矿产资源调查评价、勘查开发利用、矿山环境保护与恢复治理等在时间、空间和结构上所作的总体安排，包括全国性的、区域性的矿区（山）规划。

全国性矿产资源规划有三种：总体规划、详细规划和专项规划，其中专项规划主要包括地质矿产调查评价与勘查规划、矿产资源开发利用与保护规划、矿山生态环境保护与恢复治理规划等。

区域性矿产资源规划是省级、市（地）级、县级和跨行政区域的矿产资源规划，其中，整装勘查区矿产资源开发利用规划和矿山生态环境保护与恢复治理规划是重点。

矿区（山）开发规划：指以具体的矿区（山）为对象编制的专项规划。

②调控政策体系。

按照宏观调控政策的主要功能和作用，可将矿产资源宏观调控政策体系分为基本政策和核心政策（见图5-3）。

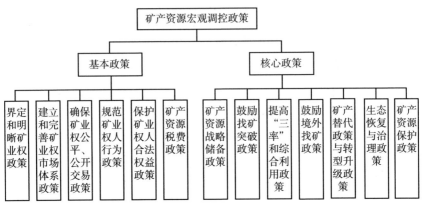

图5-3 核心政策与基本政策的关系

基本政策是构造有效的矿业市场运作体系，具体包括：

第一，界定和明晰矿业权政策；

第二，建立和完善矿业权市场体系政策；

第三，确保矿业权公平、公开交易政策；

第四，规范矿业权人行为政策；

第五，保护矿业权人合法权益政策；

第六，矿产资源税费政策。

核心政策的作用是弥补市场失灵缺陷的政策，因为，政府的宏观调控是为了弥补市场的不足，在市场失灵的领域起作用。核心政策包括：

第一，增加矿产品供给的政策，其中，最主要的是战略储备政策、关键矿产政策、鼓励找矿突破（深地探测、深海探测的技术、方法及外围找矿）政策、提高"三率"（"三率"指开采回采率、采矿贫化率、选矿回收率）和综合利用政策；

第二，调整矿产品需求结构的政策，包括鼓励开发替代品政策、转型升级（矿业城市转型和发展绿色矿山、绿色矿城、绿色矿业即"三绿色"）政策；

第三，矿山生态恢复与治理政策；

第四，鼓励境外找矿政策；

第五，矿产资源保护政策。

二、多级储备的宏观调控政策体系

（一）现有矿产资源战略储备宏观调控政策体系的缺陷

战略储备是指国家为了应付战争和其他意外情况，保障国民经济正常运行和国防需求，有计划地建立物资、货币、能源、人力等方面的储备制度，主要包括物资储备、财力储备和能源储备等几个方面。

现有矿产资源战略储备宏观调控政策体系的缺陷：

1. 供给政策不能解决中国大宗、战略性矿产严重不足的问题

大宗矿产资源，是指具有储量大、采出量大、消耗量大等特点，在国民经济建设中有举足轻重地位的主体矿产。大宗矿产主要包括四类：能源矿产有煤、石油、天然气；黑色金属矿产有铁、锰；有色金属矿产有铜、铅、锌、铝；非金属矿产主要有化工用途的磷、钾、硫、钠、天然碱等。

"十四五"全国矿产资源规划将 36 种列入战略性矿产：能源矿产：煤炭、石油、天然气、煤层气、页岩气、铀；黑色金属：铁、锰、铬、钒、钛；有色金属：铜、铝、金、镍、钨、钼、锑、锡、钴；稀有、稀土金属：锂、铍、铌、钽、锆、稀土、锗、镓、铟、铪、铼；非金属：磷、晶质石墨、萤石、钾盐、硼。政府要分矿种制定战略储备规划，建立战略储备基金，建设矿产品储备库。

关键矿产主要是美国和欧盟等西方发达国家提出的概念。中国的矿床学家毛景文院士将关键矿产分为：主导型矿产、技术和条件制约型矿产、市场制约型矿产和资源短缺型矿产。

主导型矿产是指中国具有优势矿产，能够满足国内需求，可以在一定程度上影响和掌控国际市场。主导型矿产有锗、铟、重稀土元素、轻稀土元素、钨、天然石墨、锑、镁、镓、钒、铋、重晶石、萤石、钪、钛、锶、砷、碲、汞、镉、氟、钡。

技术和条件制约型矿产是指中国具有储量较大，但因技术和其他条件制约，回收利用率较低和产量较小的矿产。技术和条件制约型矿产有锂、锡、铷、铍、铌和锰。

市场制约型矿产是指中国具有储量较大，但是由于较高的开发成本和市场需求极其有限，造成难以开发利用的矿产。市场制约型矿产有铼、镓、钪、碲等。

资源短缺型矿产是指中国没有足够的资源储量，需要从国外进口的矿产。资源短缺型矿产有镍、钴、铂族元素和铬等。

在现有的政策下，铁、铬、铜、铝、镍、石油、天然气、钾盐等矿产进口的对外依存度仍高企。

2. 战略储备体系尚未建立起来

重要、大宗矿产资源对外依存度居高不下，不仅不利于国民经济持续健康发展，还可能受制于人，对国民经济带来潜在的威胁。解决重要、大宗矿产资源供给严重不足的出路在于建立矿产资源战略储备制度；而具有优势的矿种由于过度开采，造成严重的生态破坏和环境污染，储量急剧下降，而且在国际市场上还没有定价话语权。从永续发展的角度来看，即使具有优势的矿种也应该进行战略储备，限制开采量，保护生态环境，同时提高出口价格，增加定价决定权。

（二）矿产资源战略储备政策体系的功能

建立矿产资源战略储备体系的目的在于保障矿产资源的供给，实现国民经济永续发展。

矿产资源战略储备政策体系的功能是：长期上调节矿产资源供需平衡、实现国民经济永续发展。俗话说：家中有粮，心里不慌，有储备，才能保增长。建立矿产资源战略储备体系的基本原则：保障优先、量力而行；安全可靠、合理布局；统筹兼顾、适度超前。

（三）矿产资源战略储备的政策体系

从内容上看，矿产资源战略储备体系包括矿产品战略储备、矿产地战略储备两种；从储备主体来看，矿产资源战略储备体系包括国家战略储备和企业战略储备两个层面。

与此相对应，矿产资源战略储备的宏观调控体系应该是以矿产资源勘查开发规划为突破口，以实现国家经济安全和资源安全为目标，建立多级储备相结合的宏观调控政策体系（吴文盛等，2016）。

由于不同矿产资源的稀缺程度存在差异，每一种矿产资源在国民经济中的重要性是不一样的，因此，根据矿产资源的稀缺程度和急需程度由高到低，将矿产资源分成紧缺矿产、稀缺矿产、优势矿产。对于紧缺矿产、稀缺矿产和优势矿产要分别建立矿产资源战略储备。

多级战略储备体系的构成：

（1）紧缺矿产，建立矿产品战略储备制度。

以原油储备为例，2008年金融危机后中国开始战略储备石油，第一批原油储备为1200万吨，第二批和第三批储备分别为2800万吨。到2020年，战略石油储备8500万吨，达到国际能源署要求的国际警戒线（90天目标）。截至2023年，美国石油的战略储备为158天，日本169天，德国117天，中国只有96天。

（2）稀缺矿产，建立矿产品储备和矿产地储备相结合的储备制度。如金、锂、锡、锰、碲等。

（3）优势矿产，建立矿产地战略储备制度。如稀土、石墨、钨矿、萤石。

（4）建立国家战略储备和企业战略储备相结合的战略储备体系；建立"战略性矿产地、战略性矿种和战略性企业""三位一体"的战略性矿产资源规划和开发保护体系。

三、矿产资源开发利用宏观调控政策体系

（一）现行矿产资源开发利用宏观调控政策的缺陷

从 20 世纪 90 年代开始，政府每隔几年就要进行一次较大规模的矿业秩序整顿，可以说，从矿业权的有偿取得到矿业秩序整顿和从 2008 年开展的整顿和规范矿产资源开发秩序"回头看"行动，再到 2011 年找矿战略行动（首批整装勘查区的实施），矿产资源开发秩序有了很大的好转，矿难频发问题得到很大程度上的遏制，矿产资源的利用率也有了一定的提高，并且加快了资源勘探开发步伐，对于缓解矿产资源供给不足问题起到一定的作用。

但是，从宏观调控手段来说，政府更多的是采取行政性的手段，经济性的手段在宏观调控中的作用明显不足。整顿矿业秩序和矿业权整合是一种万不得已才采用的应急性、行政性手段，而非宏观经济政策，长期使用负面作用很大。矿产资源开发利用的宏观调控政策还有进一步改进和提升的空间。

（二）矿产资源开发利用宏观调控政策的功能

矿产资源开发利用宏观调控政策的功能是：强化矿产资源开发利用行为的管控，形成良好的开发秩序，减少环境污染和生态破坏，提高稀缺资源的利用效率；调节矿产资源开发所带来的利益分配，使资源得到充分利用、良好的开发秩序得到建立、相关各方的积极性得到充分发挥。

（三）矿产资源开发利用宏观调控政策体系

矿产资源开发宏观调控的政策，要以矿产资源开发利用过程的

"三率"指标和有偿使用为手段，以实现中国经济转型和产业升级为目标，制定和完善矿产资源开发利用宏观调控政策体系。

1. 强化经济政策的调控力度

矿业秩序整顿（90年代）、矿业权整合（2010年）和整装勘查区（2011年－）的设立，都是采取行政的手段来调控，而经济的手段显得较弱。因此，要更多地采取以财政政策、货币政策和产业政策等宏观调控政策为主要的手段，辅之以必要的行政手段和法律手段来调控矿产资源开发利用行为，建立良好的矿产资源开发秩序。中长期调控主要依靠产业政策，短期调控政策主要依靠财政政策和货币政策。

2. 集约高效利用矿产资源

在中国的矿产资源储量不足的条件下，实现经济转型和产业升级目标（如高质量发展目标、"双碳"目标、"双循环"目标），就是要集约化高效利用矿产资源，为此要通过财政政策、货币政策和产业政策来引导矿山企业提高"三率"；要通过矿产资源有偿利用来提高矿产资源的利用率，通过技术进步来提高采矿回采率和选矿回收率。

3. 加强环境污染治理与防范，建设绿色矿山

要高度重视矿产资源开采带来的生态环境破坏、土地占用和资源浪费问题，加大矿产资源开发的环境恢复与治理力度，通过加强监管和制度创新来破解矿产资源开发带来的生态环境破坏与环境污染难题。

要以绿色矿山、绿色矿城、绿色矿业建设为主旋律，加大生态文明建设力度，增加投入，留给子孙后代绿水青山。

4. 强化矿产资源保护政策

保护矿产资源，从一定意义上说，是为了更合理地开发利用矿产资源。由于矿产资源多为不可再生资源，储量有限，因此，从另一个意义上说，保护好稀缺资源，实际上也是维护国家经济安全的需要（吴文盛等，2016）。

从内容上看，矿产资源保护政策包括资源保护政策和环境保护政策；从过程来看，矿产资源保护应该贯穿于矿产资源勘查、开发利用全过程，具体包括储量保护规划与政策、勘查与开发规划、尾矿再利用和尾矿库建设规范、环境保护与生态环境修复政策、地质遗迹保护规划和建设计划等政策；从手段来看，矿产资源保护政策包括技术保护政策和经济保护政策、法规保护，最高层次是法律保护。

四、矿产资源开发保增长宏观调控政策体系

（一）现行矿产资源保增长宏观调控政策的缺陷

（1）国民经济高增长对矿产资源过度需求问题没有得到有效解决。尽管中国的 GDP 增长率由 2012 年 9.0% 以上降到 5% 左右的新常态（2023 年 5.2%），但 GDP 增量却一直上升，2023 年 GDP 达到 126 万亿，对矿产品的需求却仍在上升。

（2）经济发展的资源环境代价过大问题，环境污染、生态破坏导致高昂的治理与修复成本问题尚未彻底解决。

（二）矿产资源保增长宏观调控政策体系的功能

（1）矿产资源供给确保国民经济可持续发展。矿产资源为国民经济可持续发展提供了原材料：人类社会 95% 以上的能源、80% 以上的工业原料和 70% 以上的农业生产资料来自矿产资源，要确保矿产资源供给的可持续，国民经济的增长才能可持续。

（2）矿业经济的可持续发展。矿业本身的可持续，才能确保矿产资源供给国民经济的可持续。

（3）矿山开发利用的可持续发展。每个矿山的可持续，才能确保矿业的可持续。

因此，矿山的可持续是起点，国民经济的可持续是目标，从矿山的可持续到矿业的可持续，再到国民经济的可持续，形成良性循环。

（三）矿产资源保增长宏观调控政策体系

1. 促进储量稳定增长的政策

要以储量稳定增长为切入点，创新找矿机制，通过深部找矿、外围找矿、整装勘查开发、尾矿再利用，提高矿产资源综合利用率以及增加找矿投入来确保矿产资源储量持续稳定增长。只有储量持续稳定增长，国民经济的持续稳定增长才有希望。

2022 年 10 月 2 日，中共中央总书记、国家主席习近平给找矿功勋队山东省地矿局第六地质大队全体地质工作者回信，对他们弘扬优良传统、保障国家安全提出殷切期望。其目的是增加矿产资源供给。

2. 以结构调整促增长的政策

要以产业结构调整为契机（《产业结构调整指导目录（2024 年版）》由鼓励、限制和淘汰三类目录组成），通过宏观调控政策，倒逼产业结构调整和升级，使其减少对矿产品的需求；通过调整矿业结构，提高矿产资源综合利用率；通过发展矿产品深加工促进矿业及其相关产业持续稳定发展；通过增加关键矿产的勘查，以支持"双碳"目标的实现。

3. 依靠制度创新和技术进步提高矿产资源利用效率的政策

要以采矿权为抓手，通过制度创新，进一步规范采矿权的市场交易行为，提高矿产资源配置效率；要通过大力发展循环经济，提高矿产资源的利用率；要通过制定和落实鼓励技术创新的政策，促进提高资源利用效率的采、选、冶炼技术、资源回收利用技术以及生态恢复与环境治理技术。要通过技术创新政策促进低品位矿产资源（如铁矿）和难选矿产资源的开发利用。

4. 促进矿业城市转型升级的政策

由于矿产资源的耗竭，矿业城市面临转型升级和二次创业，因此，要制定相应的政策促进矿业城市的转型升级，在投融资、就业、技术创新等方面给予政策倾斜。例如，全国的资源型矿业城市有 262 个

（地级和县级），需要转型的矿业城市有 208 个。

五、进出口贸易宏观调控政策体系

（一）现有矿产品进出口宏观调控政策体系的缺陷

1. 优势矿种的优势没有发挥出来

中国的煤、稀土、钨、钼、锑、钛、镁、石膏、芒硝、磷镁矿、萤石、滑石和石墨等矿产资源具有优势，但是，优势矿种的优势没有发挥出来。比如钨矿，中国是钨矿大国，钨矿资源储量 520 万吨，为国外 30 个产钨国家总储量（130 万吨）的 3 倍多，产量及出口量均居世界第一。全球钨储量 330 万吨（金属量），中国占 58％。但是，自 20 世纪 80 年代以来，为了赚取外汇，企业竞相压价，导致了钨矿初级产品廉价出口，美国、日本等国已完成钨矿的战略储备。在这种情况下，中国对钨矿的定价权、话语权丧失，中国企业一提价，美日等国就动用战略储备，平抑价格。

2. 劣势矿种的劣势没有得到缓解。中国处于劣势的矿种有油、气、铁、铜、钾盐、镍、铬、铝、锰、金刚石。

3. 现实遇到不少问题，影响了矿产品的国际贸易。如地缘政治影响；矿床开发的风险估计不足；劳工与环保问题；不了解当地宗教等。

（二）矿产品进出口宏观调控政策体系的功能

矿产品进出口宏观调控政策的功能是调整余缺，即发挥比较优势，弥补国内矿产品供给的不足，同时把具有优势的矿产品销往国外。

比如，2021 年中国钾肥的对外依存度为 58％，煤的对外依存度为 56.7％；2022 年，原油对外依存度为 71.2％，天然气对外依存度为 40.5％，铁矿石对外依存度为 80.9％，铜精矿对外依存度大于 80％，锰矿对外依存度为 88％左右，镍、铬的对外依存度超过 90％，铝土矿对外依存度为 65% ，通过进口，弥补了国内的不足。

（三）矿产品进出口宏观调控政策体系

1. 制定促进产业组织整合的政策

从 2004 年以后，上海宝钢、中国钢铁协会先后和澳大利亚必和必拓公司、力拓公司、巴西淡水河公司的谈判经验可知，要通过政策的制定，促进企业整合，提升中国进口大宗矿产品在国际市场上的话语权，尤其是提升铁矿石进口的话语权。中国宝武的发展之路就是这样走的：2016 年宝钢与武钢合并，形成中国宝武，之后不断实施兼并重组，先后将马钢、昆钢、重钢、太钢等企业纳入其中，2022 年，中国宝武又与中钢集团重组，形成新的中国宝武集团。中国宝武的兼并整合，是顺应钢铁企业发展的需要，大大增加了实力和话语权。

2. 制定替代品政策

面对铁矿、石油、铜矿、镍、铬、铝、锰、钾盐等大宗矿产品国内资源不足而需求旺盛的趋势短期内难以改变的现实，制定替代品的调控政策，以缓解大宗、重要的紧缺矿产过度依赖进口的局面。新能源替代传统能源，塑料制品替代钢铁等，都是替代政策成功的例子。

3. 改变优势矿种的出口政策

要改变优势矿种廉价销售、出口商之间竞相降价的恶性竞争的做法，使优势矿种在国际市场有主导权。为此，像锑、钨、镁、萤石及稀土等优势矿产，长期存在出口过量问题，在贸易政策上应采取适当手段控制出口量，以此来提高矿产品的价格，同时大力推进矿产品深加工，提高优势矿产的盈利水平，提高优势矿产在国际市场上的主导权。

4. 建立进口矿产品的质量标准

要通过制定矿石质量标准，实行优质优价，降低成本，提高经济效益。通过严格进口矿产品的质量监管，限制重金属、放射性、氟等环境污染物超标的矿产品的进口，确保人身、动植物的安全，减少对生态环境的损害（吴文盛等，2016）。

六、矿产资源开发利用宏观调控政策微观化

（一）矿产资源开发宏观调控政策微观化的必要性

矿产资源宏观调控政策的微观化，是指为实现矿产资源宏观调控目标，将矿产资源宏观调控政策分解为作用于不同受控客体的有差别的经济调节参数。2015 年中国提出矿产资源宏观调控政策的微观化概念。

宏观调控政策微观化的本质是对不同的受控客体采取差异化的经济政策，因此，矿产资源宏观调控政策微观化的政策思路：根据不同矿种、不同成矿区、不同开发阶段和不同规模矿山实行有差别的调控政策，实际上是在供给侧实行有差别的调控政策。

1. 不同矿种对国民经济的重要性差异

由于矿产资源在世界范围内分布的不均匀性，导致了某个国家的某些矿种稀缺，而另一些矿种相对富余，这就要求，各国在制定矿产资源开发利用政策时因矿种而异。

中国是光伏产品所需的镓、锗、钼、铟元素的主要供应国，也是新能源汽车所需的稀土元素的主要供应国，供应量占全球比重分别为85%、56%、45%、57% 与95%；刚果（金）是动力电池所需的钴元素的生产大国，供应量占全球之中的64%；南非是铬元素的生产大国，提供量占全球比重的46%；巴西是铌的生产大国，供应量占全球的95%；澳大利亚和智利是锂的生产大国，供应量分别占全球的58% 和21%（汪鹏等，2021）。中国应根据不同矿产供应的特点，分别制定和采取不同的供给政策、出口政策。

2. 不同成矿区的开发程度各异

矿产资源的天然产出是非均匀的，在成矿带上，往往大中小矿山

连片或呈带状产出，如果集中开发，如矿集区或整装勘查区矿产资源开发利用，对环境造成的影响很大，因此，应针对不同成矿区的矿产资源开发特点，制定和采取差异化的调控政策。

3. 矿产资源开发不同阶段的特点存在差异

生命周期（Life Cycle）是指人的一生经历出生、成长、成熟、衰老和死亡的过程。矿产资源开发，如同人的生命周期一样，也有出生、成长、成熟、衰老和死亡的过程，可以把矿山生命周期分成起步期、成长期、成熟期、衰退期和闭坑几个阶段（见图 5 − 4）。起步期是矿山开始建设和生产，生产规模小，产量增加慢；成长期是矿山生产规模不断增大，产量快速增长；成熟期是矿山生产规模稳定、产量达到设计规模；衰退期是矿山生产规模萎缩，产量逐渐减少；闭坑是矿山彻底停滞生产，产量为零。

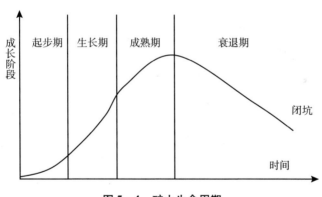

图 5 − 4　矿山生命周期

在矿山生命周期不同阶段，矿业公司所面临的风险大小差异较大。总体上说，随着勘查投入的增加，找矿风险逐渐减小；而在矿产资源开发不同阶段，矿产资源开发对环境的影响大小不同。在普查阶段，无论是钻探、坑探还是槽探，地质工作对环境的影响相对较小，有的可以忽略不计，但是，进入开采阶段，采矿直接破坏地表植被和土壤结构，采矿排出的尾矿、废水和废气对环境的威胁很大，地下采矿还对岩层的结构、地下水、应力产生破坏。如果不采取有效措施，采矿所造成的破坏和损失往往不可弥补，因此，对不同开发程度的矿山，应该采取有区别的调控政策。

4. 不同规模矿山的环境影响不同

（1）中小型矿山开采的环境影响可控。

中小型矿山开采，只要控制废水，不让其流入河流和农田，并处理好废石和尾矿的堆放，对生态环境的破坏属于点状的，影响不大。

（2）大型煤矿和露天开采对环境的影响较大。

大型煤矿（地下）开采造成大面积地下水潜水面的下降，对生态环境的破坏较大，可能导致塌陷、崩塌、滑坡、泥石流等地质灾害；大型露天矿床（如铁矿、露天煤矿）的开采，因剥离表土和废石堆放、尾矿堆放，造成占地和地表生态破坏比较严重。

（3）油田开发，环境影响可控。

石油大都是埋藏在几千米深的地下，正常生产，对环境的影响不大。但钻井、采油污水随意排放、油气挥发和采油过程的跑冒滴漏、生产事故等对环境的影响较大，只要管理得当，油田开发对环境的影响可以控制在最小限度（吴文盛等，2020）。

（二）不同矿种调控政策的微观化

1. 紧缺矿产

（1）制定并完善矿产资源战略储备制度。

为确保矿产资源供给，应该建立国家储备与民间储备相结合的多层次战略储备体系。

北方地区的地下水也是紧缺矿产，也要建立区域性战略储备制度，由中央财政和地方财政共同支持。

2023 年 7 月 4 日，北京市水务局等部门印发了《北京市地下水超采综合治理实施方案（2023—2025）》，提出要建立地下水战略储备制度，争取到 2025 年，本地地表、地下战略储备水量达到 40 亿立方米。

（2）制定紧缺矿产勘查、开发利用的重点支持政策。

财政资金要重点支持紧缺矿产的深部找矿、老矿山外围找矿、找矿新技术、新方法的攻关；重点支持铁矿尾矿的再利用和低品位矿采选冶技术、难选矿的技术、深部采矿技术和采矿设备的研发。

（3）制定紧缺矿产的替代品开发和循环利用政策。

财政资金要支持紧缺矿产的替代品开发和循环利用，减少甚至遏制对紧缺矿产的过度需求，尤其是石油、天然气、铁矿石、铜、铝的替代品开发和循环利用需要特别加强。

（4）制定国别（或地区）矿产品合作贸易政策。

当前，中国的石油、天然气、铁矿石、铜等紧缺矿产的进口国别（地区）差异较大，这些国家与中国的外交关系和外贸关系也差别较大，为了稳定紧缺矿产品的进口来源，需要针对不同国别和不同矿种制定相应的进口贸易政策。

（5）完善境外找矿政策。

要以加强境外矿产资源勘探开发服务机构和信息平台建设为依托，以建立多部门协调机制为突破口，加大境外找矿技术人才的培养力度和完善境外找矿风险基金管理为保障，减少境外找矿风险。

要针对不同矿产，通过财政补贴和贷款优惠等鼓励国内企业到国外投资办矿，同时还要利用找矿风险基金的引导作用，鼓励国内的地勘单位和矿山企业到国外购买矿权或找矿。

2. 稀缺矿产

建立矿产品储备和矿产地储备相结合的储备制度。矿产品战略储备由国家和企业共同建立，矿产地战略储备由国家投资建立。

3. 优势矿产

（1）提升优势矿产的国际话语权。

（2）建立矿产地战略储备制度。钨、钼、锡、锑、稀土、镓、锗、铟、碲、镁、钒、铋、铪、钛、天然石墨等优势矿产的战略储备，应建立矿产地战略储备制度，主要由国家建立。

（3）严格优势矿产开采和出口监管。以产量和出口配额为准绳，通过出口税、出口禁止、许可证和出口配额等，严格控制优势矿产的开发和出口，逐步形成优势矿产在国际上的垄断地位，并拥有定价决定权（吴文盛等，2015）。

（三）不同成矿区矿产资源开发调控政策的微观化

在矿区的调控上，为了与《全国主体功能区规划》相衔接，可将矿产资源富集区与经济发达程度、环境约束条件结合起来，分成重点开发区、优化开发区、限制开发区和禁止开发区，对这四类地区分别采取差别化的调控政策。

1. 重点开发区

（1）整装勘查区。

整装勘查区是区域经济增长极，因此，对于整装勘查区，财政政策和投资政策要给予倾斜，支持整装勘查区加大矿产资源整装勘查、开发力度，缩短勘查开发周期，尽快能在较短的时间取得找矿突破，并探明可供开发的大量矿产储量。尤其是紧缺矿产的整装勘查区，在矿权设置、资金投入上要给予倾斜；整装勘查区矿产资源开发规划要与区域经济发展相协调；同时，整装勘查区的开发要注重保护生态环境，避免出现土地过多占用、水资源过度开发和生态环境压力过大等问题，努力提高环境质量（吴文盛等，2015）。

（2）成长阶段的矿业经济区。

矿业经济区是以矿产资源勘查、开采及选冶加工为主，具有资源禀赋特点和一定规模的配套条件，具有矿业开发优势的区域。政府对不同的矿业经济区应该采取不同的政策。矿业经济区根据其开发的程度，可以分为成长型、发展型和成熟型矿业经济区。

成长型的矿业经济区属于这一类。矿产企业的开发潜力巨大，矿业作为地区经济支柱产业的地位将越来越明显，因此，在财政、货币政策上政府要对成长型矿业经济区矿产资源开发及配套产业的发展给予扶持。同时，要对矿产资源开发引发的生态破坏与环境污染严格监管，避免走老矿业经济区先污染后治理的老路。

2. 优化开发区

优化开发区是指矿产资源开发有一定基础，矿业已成为地区经济的支柱产业且仍有发展潜力的区域。

发展型矿业经济区属于优化开发区。由于历史上对该区域的找矿重视不够，发展型矿业经济区的矿产资源储量递减，可以看到矿产资源开发对地区经济增长的作用逐渐减弱，但通过增加投入，加大外围找矿和深部找矿力度，矿产资源开发的潜力仍然巨大。对于这类矿业经济区，政府应该在较短时间内大量增加找矿投入，尽快找到可供开发的储量或接替矿山，确保矿业作为区域经济支柱产业的地位不变。同时，由于历史的原因，这类矿业经济区生态环境保护薄弱，环境污染问题突出，因此，需要加大投资，修复生态环境，治理环境污染。

3. 限制开发区

限制开发区内，矿产资源开发强度要严格限制在承载力限度内，并尽可能控制在较小的空间范围之内。处于国家限制开发区内的矿产资源开发，要严格受到承载力的限制。

成熟型矿业经济区属于这类。由于发展潜力有限，而且面临着转型，因此，成熟型矿业经济区要适当限制矿产资源的开发力度，政府的政策要重点关注矿业经济区生态环境的修复与治理、矿业经济的转型、升级。

4. 禁止开发区

禁止开发区是指有代表性的自然生态系统、珍稀濒危野生动植物物种的天然集中分布地、有特殊价值的自然遗迹所在地和文化遗址等，需要在国土空间开发中禁止工业化城镇化开发的重点生态功能区。

禁止开发区内及可能对禁止开发区产生影响的周边地区，要严格按照《全国主体功能区规划》的要求，禁止任何矿产资源开发活动。

（四）不同阶段矿产资源开发调控政策的微观化

针对矿产资源开发不同阶段的特点，实施有差别的宏观调控政策。

1. 找矿阶段政策

在找矿阶段，宏观调控的重点应放在尽可能多地探明国民经济发展所需的储量，尤其是紧缺性矿产和稀缺性矿产。因此，在找矿阶段，宏观调控政策应包括：

（1）制定鼓励民间投资和外资参与找矿的政策，充分发挥民间资本和外资在找矿中的作用。

（2）鼓励、引导寻找替代矿产的政策，以缓解中国紧缺矿产对外依存度高的矛盾。

（3）制定鼓励技术创新的政策，提高资源利用率。

（4）制定缩短找矿周期的政策，让现有的矿产储量尽快发挥作用。

（5）制定战略性关键矿产的勘查政策。

具体：（1）对外依存度高的矿产。油、气、铜、锰、镍、铬、铁矿石和铝土矿，不仅需要继续进口，还应加强国内勘查。

（2）技术和条件制约型关键矿产。目前中国储量较大，主要有锂、锡、铷、铍、铌。除了政府要支持集中攻关外，还要支持找矿。

（3）市场制约型关键矿产。包括铼、镓、铊等稀散矿产。开发成本高、市场容量小，在税收、投资上给予优惠，还应支持其找矿。

（4）资源短缺型关键矿产。包括镍、钴、铂族元素和铬等矿产。国内没有足够资源储量的矿产，需要从国外进口的，但同时支持到境外找矿和投资。

（5）增加稀有金属矿的勘查。包括铷、铯、铍、钽矿，增加勘查。

（6）放射性和稀贵金属矿产的勘查。要加强铀矿、铂矿的勘探。

2. 采选冶阶段政策

采选冶阶段宏观调控的重点是（吴文盛等，2015）：保护生态环境、提高资源综合利用率。因此，采选冶阶段宏观调控政策包括：

（1）制定以保护生态环境、保护资源为核心的资源与生态环境保护政策体系；

（2）制定以提高资源综合利用率为核心的资源节约、集约利用政策体系。以提高"三率"为突破口，通过财政补贴、差别税率和贷款利率等经济杠杆提高采矿回采率、选矿回收率和综合利用率。通过财政补贴和行政手段强力推动伴共生矿产的综合利用。

（3）制定以提高矿山生产安全和矿工健康为核心的安全生产政策体系。

（4）制定以协调矿山开发与新型城镇化发展、矿山开发与当地居民的生产生活关系为核心的（包括三条红线）的和谐开发政策体系。

（5）实施矿产资源绿色开发工程。以绿色矿山、绿色矿城、绿色矿业建设为切入点，以循环经济为支撑，制定和实施强化生态环境恢复与环境污染治理的系统开发方案，使矿产资源开发既造福于人类，又实现可持续发展。

（6）制定老矿山综合治理方案。采取老矿山老办法，新矿山新办法，将新老矿山区别对待。由于历史原因，老矿山在用地、土地复垦、生态环境恢复与治理、投资结构、历史包袱以及尾矿利用等方面与新矿山存在很大的差别，要本着历史问题、特殊解决、综合治理的原则，提出老矿山综合治理方案，让老矿山与新矿山能够在一个起跑线上竞争。

3. 矿山闭坑阶段政策

制定废弃矿山生态环境恢复治理政策。

（五）不同规模矿山应区别对待

对于中小型矿山，要控制好打钻的废水不让流入农田和溪流，控制好勘查时挖掘便道和探槽的土方的堆放，避免由点状的污染变为线状的污染；对于大型煤矿和露天开采矿山，容易造成地质灾害和严重的污染，要采用废石回填技术，边踩边填，以及绿色矿山再造技术，把地质灾害和环境污染控制在最低限度；对于大规模油田开发，要加强管理，严控随意排放、跑冒滴漏、生产事故。

第三节　水资源宏观调控

一、兴修水利

1. 新中国成立以后 70 年的水利建设

针对新中国成立以前，全国只有 22 座大中型水库和一些塘坝、小型水库，江河堤防只有 4.2 万公里的现实，几乎所有的江河都缺乏控制性工程，水患无穷，水资源也得不到利用，新中国成立以后，党和政府高度重视江河治理和水利工程建设，把水利建设放在恢复和发展国民经济的重要地位。整个 50 年代末～60 年代初期，以治淮为先导，全国开展了海河、黄河、长江等大江大河大湖的治理，在各个流域中、上游的水土流失区开展了水土保持工程建设，治淮工程、长江荆江分洪工程、官厅水库、三门峡水利枢纽等一批重要水利设施相继建设，掀起了新中国第一次水利建设高潮。20 世纪六七十年代，高举"水利是农业的命脉"的旗帜，广泛开展了农田水利基本建设，加固了农田水利的基础。

改革开放以来，尤其是 1990 年以来，党中央、国务院高度重视水利建设，进一步明确了水利的基础性地位，对水利的投入大幅度增加，江河治理和开发步伐显著加快，长江三峡、黄河小浪底、淮河和太湖治理等一大批防洪、发电、灌溉工程相继开工，水利建设呈现出加快发展的良好态势。

1998 年长江流域发大水之后，国家加大大江大河大湖的治理力度。长江干堤加固工程、黄河下游标准化堤防工程全面展开，治淮 19 项骨干工程加快建设，举世瞩目的南水北调工程及尼尔基、沙坡头、百色水利枢纽等一大批重点工程相继开工，江河中上游水土流失治理力度进一步加大[①]。

2. 水利建设的现状

截至2022年底[②]，全国已建成各类水库95296座，水库总库容9887亿立方米，其中：大型水库814座，总库容7979亿立方米；中型水库4192座，总库容1199亿立方米。已建成5级及以上江河堤防达到33.2万公里，累计达标堤防达到25.2万公里，堤防达标率为76.1%；其中，1级、2级达标堤防长度达到3.8万公里，达标率为85.8%。全国已建成江河堤防保护人口达到6.4亿人，保护耕地4.2×10^3万公顷。已建成流量为5立方米/秒及以上的水闸96348座，其中大型水闸957座。按水闸类型分，分洪闸7621座，排（退）水闸17158座，挡潮闸4611座，引水闸13066座，节制闸88392座。

2022年底，全国已累计建成日取水大于等于20立方米的供水机电井或内径大于等于200毫米的灌溉机电井共552万眼；已建成各类装机流量1立方米/秒或装机功率50千瓦以上的泵站94030处，其中：大型泵站482处，中型泵站4745处，小型泵站88803处。

截至2022年底，全国已建成设计灌溉面积2000亩及以上的灌区合计21619处，耕地灌溉面积达到39727×10^3公顷；全国灌溉面积达到79036×10^3公顷，耕地灌溉面积达到70359×10^3公顷，占全国耕地面积的55.1%。

截至2022年底，全国现有农村水电站有41544座，装机容量达到8063万千瓦，占全国水电装机容量的19.4%；农村水电年发电量达到2360亿千瓦时，占全口径水电发电量的19.6%。

---

① 新中国成立60周年·兴修水利：夯实发展根基［EB/OL］．（2009 – 09 – 09）［2024 – 10 – 04］．http：//www.chinawater.com.cn/ztgz/xwzt/09gq60/cj/200909/t20090909_135693.htm.

② 2022年水利发展公报［EB/OL］．（2023 – 12 – 31）［2024 – 2 – 18］．http：//www.mwr.gov.cn/sj/#tjgb.

全国水土流失综合治理面积共计 156 万平方公里，累计封禁治理保有面积达 30.6 万平方公里。2022 年持续开展全国全覆盖的水土流失动态监测工作，全面掌握县级以上行政区、重点区域、大江大河流域的水土流失动态变化。

二、南水北调工程

1. 南水北调工程概述

"南水北调工程"（以下简称"南水北调"），是国家的战略性工程，目的是解决南方多、北方少的雨水分配不均问题。工程从长江调水到华北和西北，经过黄河，分为东线、中线、西线三条线路。东线工程起点位于江苏扬州江都的水利枢纽；中线工程起点位于汉江中上游的丹江口水库，受水区域为河南省、河北省、北京市和天津市。东线和中线已完成一期工程，二期工程尚未开工，西线调水是从长江上游向黄河上游调水，尚处于规划阶段，没有开工建设。

1952 年毛主席视察黄河时提出南水北调的伟大设想。南水北调工程主要解决中国北方地区，尤其是黄淮海流域的水资源短缺问题，通过三条调水线路与长江、黄河、淮河和海河四大江河的联系，构成以"四横三纵"为主体的总体布局。

南水北调工程的规划区涉及人口 4.38 亿人，调水规模 448 亿立方米。工程规划的东线、中线、西线的干线总长度达 4350 公里，其中，东线、中线一期工程干线总长为 2899 公里，沿线六省市一级配套支渠约 2700 公里。经过 50 年的论证、规划，比较 50 多种方案后，东线于 2002 年 12 月 27 日开工，取水三江口水库，受水区域为江苏、安徽、山东、河北和天津 5 省（市）的部分地区。2016 年 1 月 8 日，南水北调东线台儿庄泵站开机运行，东线一期工程开始供水。中线 2003 年 12 月 31 日开工，取水点丹江口水库，2014 年 12 月 12 日，南水北调中线正式通水。

统计显示，2022 年南水北调工程中线调水 92.12 亿立方米，为年度计划的 127%；东线北延工程向黄河以北补水 1.89 亿立方米，为年度计划的 215%，助力京杭大运河实现了百年来首次全线水流贯通[①]。

2. 南水北调工程的意义

可从经济、社会、生态三个方面认识南水北调工程的意义。

（1）经济意义。

①为北方经济发展提供保障。北方地区严重缺水，限制了北方地区经济的发展，南水北调，通过向北方缺水地区供水，为北方地区的经济发展提供保障。

②优化产业结构，促进经济结构的战略性调整。一方面，为保证水质，治污是重点，水源地、入渠河流及输水沿线，需要关闭一些污染企业，也需要移民。另一方面，因受水区缺水，需要节水和发展节水的产业、企业，因此，在水源地、输水区域和受水区域，都要调整产业结构，提高用水效率。

（2）社会意义。

①解决北方缺水问题。随着城市、城镇规模的扩大，居民的用水需求越来越大，用水越来越短缺，通过南水北调工程，可以解决居民用水短缺问题。

②增加水资源承载能力，提高资源的配置效率。随着人口的增加和用水的增加，北方地区许多河流成为季节性河流，非雨季，河流干涸，导致土地的承载力下降，而通过南水北调，改变供水地区的小气候，增加了土地承载力。同时，通过向北方地区供水，使水资源缺乏地区的资源得到有效利用，提高了资源的配置效率。

③为京杭运河济宁至徐州段的全年通航保证了水源，使鲁西和苏北两个商品粮基地得到巩固和发展。

[①] 新华社. 南水北调：2023 年着力推进后续工程规划建设 ［EB/OL］.（2023 - 01 - 13）［2024 - 1 - 16］. https：//www. gov. cn/xinwen/2023 - 01/13/content_5736574. htm.

（3）生态意义。

①使北方及黄淮海地区缺水问题得到缓解。北方地区及黄淮海平原严重缺水，所以地下水严重超采，带来一系列重大问题，如因地下水位下降带来塌陷、湿地减少、植被恶化等，急需解决，而通过南水北调工程，一方面可以缓解地下水超采问题，另一方面，可以缓解北方地区及沿途的生态用水，改善生态环境状况，保护当地湿地和生物多样性。

②改善了水质。北方地区因缺水而更多地抽采地下水，但北方地区的地下水质量较差，如一些地区高氟水、苦咸水以及含有其他对人体不利的有害物质，而通过南水北调，可以提高北方地区的饮水质量，有效地解决北方一些地区地下水因自然原因造成的水质问题。

三、水利规划

水资源开发利用规划每五年修订（编制）一次，是水资源领域开发利用与保护的宏观调控手段之一。2022 年 11 月，经国务院同意，国家发展改革委、水利部印发了《"十四五"水安全保障规划》，其基本思路是："节水优先、空间均衡、系统治理、两手发力"。总体目标是：到 2025 年，水旱灾害防御能力、水资源节约集约安全利用能力、水资源优化配置能力、河湖生态保护治理能力进一步加强，国家水安全保障能力明显提升。

为落实"十四五"规划目标，国家提出了"十四五"期间的八项重点任务（班娟娟，2022），包括国家节水行动、重大水资源工程建设、防洪薄弱环节建设、水土保持和河湖整治、农业农村水利建设、智慧水利建设、水利重点领域改革和加强水利管理。

四、设立水利委员会

为更好地协调全国的水资源利用、水资源保护和水患治理，国家根据水资源流域配置的特点，设置了 7 个以流域为基础的专业管理机构：长江、黄河、淮河、海河、珠江、松辽 6 个水利委员会和太湖流域管理局（见表 5－3）。

表 5－3　　　　　　　　　七大流域管理机构对比

序号	名称	职责范围
1	水利部长江水利委员会（简称长江委）	代表水利部在长江流域和澜沧江以西（含澜沧江）区域内行使水行政管理职责
2	水利部黄河水利委员会（简称黄河委）	代表水利部在黄河流域和新疆、青海、甘肃、内蒙古内陆河区域内依法行使水行政管理职责，承担黄河防汛抗旱总指挥部办事机构的职责
3	水利部淮河水利委员会（简称淮河委）	代表水利部淮河流域水行政管理职责
4	水利部海河水利委员会（简称海委）	代表水利部在海河流域内依法行使水行政管理职责，承担海河防汛抗旱总指挥部办事机构职责
5	水利部珠江水利委员会（简称珠江委）	代表水利部在珠江流域、韩江流域、澜沧江以东国际河流（不含澜沧江）、粤桂沿海诸河和海南省区域内依法行使水行政管理职责
6	水利部松辽水利委员会（简称松辽委）	代表水利部在松花江、辽河流域和东北地区国际界河（湖）及独流入海河流区域内行使水行政管理职责
7	水利部太湖流域管理局（简称太湖流域管理局）	代表水利部在太湖流域、钱塘江流域和浙江省、福建省（韩江流域除外）内依法行使水行政管理职责

资料来源：水利部网站。

七大流域委员会（管理局）共同的职责是：

（1）保障流域内水资源的合理开发利用。

（2）流域内生活、生产经营和生态环境用水的统筹和保障，统筹农业、工业、航运等用水需求。

（3）按照规定或授权，组织开展流域控制性水利项目、跨省（区、市）重要水利项目与中央水利项目的有关前期工作，组织实施洪水影响评价类审批。

（4）根据国务院确定的部门职责分工，指导流域内水资源保护和水文工作。

（5）组织实施流域内节约用水工作。

（6）指导流域内江河湖泊及河口的治理、开发和保护。

（7）按照规定或授权，指导、监督流域内水利工程建设与运行管理。

（8）负责或指导流域内水土保持监督管理工作。

（9）组织编制流域内洪水干旱灾害防治规划和防护标准并指导实施。

（10）组织指导流域内水政监察和水行政执法工作，负责省际水事纠纷的调处工作。

（11）指导流域内农村水利及农村水能资源开发有关工作，指导农村饮水安全工程建设管理等有关工作。

（12）开展水利科技和外事工作。

（13）完成水利部交办的其他任务。

第四节　森林、草原、湿地资源宏观调控

一、植树造林

1. 植树造林概述

（1）植树节的由来。

植树节早就有之，在中国古代清明节有插柳植树的传统。早在西魏、北周时期的京兆杜陵（今西安市东南）人韦孝宽，在当雍州刺史期间，在官道旁植树。自古以来，官道上每隔一华里便在路边设置一个土台，作为标记，用以计算道路的里程，但土台经风吹日晒，特别是雨水冲刷，很容易崩塌，需要经常进行维修，不但增加了国家的开支，也使百姓遭受劳役之苦，既费时费力又不方便。韦孝宽发现后，

下令将雍州境内所有的官道上设置土台的地方一律改种一棵槐树，用以取代土台。韦孝宽的这一做法，无疑是造福桑梓，减轻家乡百姓负担、利国利民的重大举措①。

在国外，19 世纪以前，美国的内布拉斯加州原本是一片光秃秃的荒原，1872 年，美国著名农学家朱利叶斯·斯特林·莫尔顿提议，在内布拉斯加州规定植树节，动员民众有计划地植树造林。当时内布拉斯加州农业局采纳了这个建议，并规定每年 4 月份的第 3 个星期三为植树节。当年植树上百万棵，此后的 16 年间，又先后植树 6 亿棵，终于使内布拉斯加州 10 万公顷的荒野变成了茂密的森林。但在美国，植树节是一个州定节日。

此外，植树也是一些国家的植树传统。几百年前，南斯拉夫规定：每对新婚夫妇，必须先种植油橄榄树 70 株；日本的鹿儿岛等一些地区也有规定：新婚夫妇要植树，并在树旁立碑写明植树者姓名和婚期，植后 50 年方能砍伐，届时植树夫妇可以举行结婚 50 周年庆祝活动；印度尼西亚爪哇岛的法令规定：第一次结婚要种 2 棵树，离婚的要种 5 棵树；第二次结婚必须种 3 棵树，否则不予登记。坦桑尼亚的许多地方有"添丁植树"的风俗：谁家生了孩子，就把胎盘埋在门外的土地里，并在上面种上一棵树，表示希望孩子像树一样苗壮成长；波兰的一些地方规定：凡是生了孩子的家庭要植 3 棵树，称为"家庭树"；在德国的波恩，每年的植树节，小伙子要给姑娘送上一棵精心挑选的白桦树苗，并亲手栽种，以表达爱慕之情，称为"求爱树"。

正因为植树有良好的传统和民俗基础，才为广大的人们所接受，每年的 3 月 21 日为世界森林日。据联合国统计，世界上已有 50 多个国家设立植树节。由于各国的国情和地理位置的不同，各国的植树节称谓和时间也不相同，总体上说，全年 12 个月，每月都有国家过植树

---

① 植树节［EB/OL］．［2024 – 10 – 01］．https：//baike. baidu. com/item/% E6% A4% 8D% E6% A0% 91% E8% 8A% 82/419569？ fr = ge_ala.

节：如日本每年 4 月 3 日为植树节，4 月 1 ~ 7 日为绿化周；以色列将犹太历 Shvat 月的 15 日称"树木的新年日"；印度将每年 7 月的第一周定为"全国植树节"；法国将每年的 3 月 31 日定为"全国树木日"；加拿大将 5 月的第一个星期称为"森林周"；英国将每年 11 月 6 ~ 12 日为植树周。

（2）植树造林的含义。

植树造林是新造或更新森林的生产活动，它是培育森林的一个基本环节。中国的植树节由凌道阳、韩安和裴义理等林学者于 1915 年倡议设立的，最初定在每年清明节，1928 年，为纪念孙中山逝世三周年，国民政府将植树节改在 3 月 12 日。1979 年，在邓小平的倡议下，第五届全国人大常委会第六次会议决定，将每年的 3 月 12 日定为中国的植树节。

（3）植树造林的意义。

植树造林意义重大。

①控制水土流失，防沙固沙。

②增加土壤蓄水能力，大大改善生态环境，减轻洪涝灾害的损失。据计算，1 公顷林地与裸地相比，至少可以多储水 3000 立方米。1 万亩森林的蓄水能力相当于蓄水量达到 100 万立方米的水库，而建造这样一个水库需要投资一千多万元①。

③自动调节温度，夏天树荫下气温比空地上低 10 度左右，冬季又高出 2 ~ 3 度。

④增湿。一株成年树，一天可蒸发 400 公斤水，所以树林中的空气湿度明显上升。

⑤除尘。

⑥制造氧气。

---

① 3 月 12 日植树节的生态意义，我们为什么要植树？［EB/OL］.（2021 - 3 - 19）［2024 - 2 - 16］. http：//www. isenlin. cn/sf_9DFD2B33D66845B294C7CE0D72B75C51 _209 _1DFBE4A7 290. html.

⑦吸收细菌。林区每立方米大气中有细菌 3.5 个，而人口稠密缺少绿化的城市可达到 3.4 万个。有树木的城市街道比没有树木的城市街道大气中含病菌量少 80% 左右。

⑧消音。城市林带、绿篱有降低噪声的作用，宽 30 米的林带可降低噪声 6~8 分贝（李丰，2012）。

⑨减缓风速。城市的防护林还具有减缓风速的作用，其有效范围为树高 40 倍以内，其中，在 10~20 倍范围内效果最好，可降低风速 50%；在农田林网内，通常可减缓风速 30%~40%，提高相对湿度 5%~15%，增加土壤含水量 10%~20%。

国外曾有人计算：1 棵 50 年树龄的树，制造氧气 31200 美元；吸收有毒气体、防止大气污染，创造价值 62500 美元；增加土壤肥力，创造价值 31200 美元；涵养水源，创造 37500 美元；为鸟类及其他动物提供繁衍场所，创造价值 31250 美元；产生蛋白质，创造 2500 美元。去除花、果实和木材，1 棵树创造总价值 186000 美元[①]。

2. "三北"及长江中下游地区等重点防护林体系标准建设工程

（1）"三北"防护林工程。

"三北"防护林工程是指 1978 年中国政府为改善生态环境，把中国"三北地区"（西北、华北和东北）列为国民经济建设的大型人工林业生态工程，工程期限 73 年，分三阶段八期进行。第一阶段 1978~2000 年，分三期，第一期：1978~1985 年，第二期：1986~1995 年，第三期：1996~2000 年；第二阶段 2001~2020 年，分两期，第四期：2001~2010 年，第五期：2011~2020 年；第三阶段 2021~2050 年，分三期，第六期：2021~2030 年，第七期：2031~2040 年，第八期：2041~2050 年。目前已启动六期。

"三北"防护林工程包括西北、华北和东北的 13 个省份，共计 551

---

① 3 月 12 日植树节的生态意义，我们为什么要植树？[EB/OL]. (2021 - 3 - 19) [2024 - 2 - 16]. http: //www. isenlin. cn/sf_9DFD2B33D66845B294C7CE0D72B75C51_209_1DFBE4A7290. html.

个县（旗、区、市），总面积406.9万平方公里，占中国陆地面积的42.4%，是一条东至黑龙江省宾县，西至新疆维吾尔自治区乌孜别里山口，北抵北部边境，南沿海河、永定河、汾河、渭河、洮河下游、喇昆仑山，横亘祖国北方的绿色长城，起到了防风固沙、涵养水源、保持水土的作用。

"三北"防护林工程规划造林3508.3万公顷（包括林带、林网折算面积），其中，人工造林2637.1万公顷，占75.1%；飞播造林111.4万公顷，占3.2%；封山封沙育林759.8万公顷，占21.7%，四旁植树52.4亿株。工程结束后，三北地区森林覆盖率从5.05%提高到14.95%①。可见，"三北"防护林工程是以人工造林为主。

根据《三北防护林体系建设40年综合评价报告》，截至2018年底，"三北"防护林工程累计完成造林面积4614万公顷，占同期规划的118%。同时，"三北"防护林工程区森林面积净增2156万公顷，森林覆盖率由5.05%提高到13.57%，森林蓄积量净增12.6亿立方米。"三北"防护林工程在治理水土流失方面成效显著，在工程区内，水土流失面积减少67%，其中，防护林贡献率达61%。农田防护林还有效地改善了农业生产环境，提高了低产区粮食产量约10%。此外，在风沙荒漠区，"三北"防护林建设对沙化土地减少的贡献率约为15%。同时，"三北"防护林工程的森林生态系统固碳累计达到23.1亿吨，相当于1980年至2015年全国工业二氧化碳排放总量的5.23%②。

（2）长江中下游地区五个重点防护林体系建设工程。③

为从根本上扭转长江、珠江、海河等大江大河及沿海地区生态环境恶化状况，中国先后于1987年、1989年、1990年、1994年、1996

---

① 三北和长江中下游地区等重点防护林建设工程概况［EB/OL］.（2017-9-4）［2024-2-15］.https：//wenku. so. com/d/36ae84922c85c10b8ce6bc18ba7f9084.

② 喻思南. 国新办：三北工程区生态环境明显改善［EB/OL］.（2018-12-25）［2024-10-4］.http://politics. people. com. cn/n1/2018/1225/c1001-30485481. html.

③ 三北及长江中下游地区重点防护林体系建设工程概况［EB/OL］.（2020-3-23）［2024-5-15］.https：//wenku. so. com/d/94ddb53b3642fcf23c5bc57c1954dc9d.

年启动了平原绿化工程、长江中上游防护林体系建设工程、沿海防护林体系建设工程、太行山绿化工程、珠江流域防护林体系建设工程。到2000年底，5个防护林（体系）建设工程完成了一期工程建设任务。根据《国民经济和社会发展"十五"计划纲要》，从2000年开始，中国又开始了二期建设工程，到2010年结束；2011年开始第三期工程，至2020年结束。以下分别介绍实施情况及效果。

①长江中上游防护林体系建设工程。从效果来看，长江中上游防护林体系建设工程的效果显著。

一期工程：到2000年底累计完成营林面积685.5万公顷。

二期工程：覆盖长江、淮河、钱塘江流域汇水区域的17个省份的1033个县（地级市、区），到2010年底，共造林面积352.3万公顷，低效林改造22.1万公顷。

②珠江流域防护林体系建设工程。一期工程：共完成营林面积67.5万公顷。

二期工程：覆盖6个省区（江西、湖南、云南、贵州、广西和广东）的187个县（地级市、区），计划营林面积227.87万公顷。

③沿海防护林体系建设工程。一期工程：累计完成面积323.67万公顷，其中，人工造林面积246.44万公顷，占76.14%；飞播造林面积5.36万公顷，占1.66%；封山育林面积71.98万公顷，占22.24%。工程区森林覆盖率由24.9%增加到35.45%，上升10.55个百分点。全国18340公里的海岸线，其中，17146公里海岸基干林带已基本合拢。

二期工程：覆盖沿海的11个省份（不含香港、澳门）的330个县，计划营林面积136.00万公顷。

④太行山绿化工程。一期工程：累计完成绿化面积295.2万公顷。工程区森林覆盖率由工程实施前的16.30%增加到21.58%，上升6.28个百分点。

二期工程：覆盖3省市（河北、山西、北京）的73个县（地级市、区），计划营林面积 146.2 万公顷。

⑤平原绿化工程。一期工程：全国 920 个平原、半平原、部分平原县（市、旗、区）中有 869 个达到了部颁"平原县绿化标准"，占计划书 95.4%。二期工程：覆盖 26 个省（市、区）（北京、天津、河北、山西、山东、河南、江苏、安徽、陕西、上海、福建、江西、浙江、湖北、湖南、广东、广西、海南、四川、辽宁、吉林、黑龙江、甘肃、内蒙古、宁夏、新疆）的 944 个县（市、旗、区）。

二、退耕还草还林工程

1. 退耕还草还林概述

退耕还草还林工程是中国政府从保护生态环境出发，将水土流失、沙化、盐碱化、石漠化严重的耕地以及粮食产量低而不稳的耕地，有计划、有步骤地停止耕种，恢复其植被的工程。

1999 年，四川省、陕西省和甘肃省率先开展了退耕还林试点工作，2002 年 1 月 10 日，国务院西部开发办公室确定全面启动退耕还林工程。

根据《国务院关于进一步做好退耕还林还草试点工作的若干意见》（国发〔2000〕24 号）、《国务院关于进一步完善退耕还林政策措施的若干意见》（国发〔2002〕10 号）和《退耕还林条例》的规定，以及国务院西部开发领导小组第二次全体会议确定的 2001～2010 年 1467 万公顷退耕还林的任务。国家林业局在深入调查研究和广泛征求意见的基础上，会同有关部委编制了 2001～2010 年的《退耕还林工程规划》。

2. 退耕还草还林工程覆盖范围

退耕还草还林工程建设范围覆盖除了山东、江苏、上海、浙江、福建、广东以外的 25 个省份和新疆生产建设兵团，共 1897 个县（含市、区、旗）。

　　按水土流失和风蚀沙化危害程度、水热条件和地形地貌特征，将工程区划分为 10 个类型：①西南高山峡谷区；②川渝鄂湘山地丘陵区；③长江中下游低山丘陵区；④云贵高原区；⑤琼桂丘陵山地区；⑥长江黄河源头高寒草原草甸区；⑦新疆干旱荒漠区；⑧黄土丘陵沟壑区；⑨华北干旱半干旱区；⑩东北山地及沙地区。

　　根据突出重点、先急后缓、注重实效的原则，将长江上游地区、黄河上中游地区、京津风沙源区以及重要湖库集水区、红水河流域、黑河流域、塔里木河流域等地区的 856 个县作为工程建设重点县。

3. 退耕还林工程目标任务

　　工程建设的目标和任务是：到 2010 年，完成退耕地造林 1467 万公顷，宜林荒山荒地造林 1733 万公顷，陡坡耕地基本退耕还林，严重沙化耕地基本得到治理，工程区林草覆盖率增加 4.5 个百分点，工程治理地区的生态状况得到较大改善。

4. 退耕还林工程的保障措施

　　（1）国家向退耕农户无偿提供粮食、生活费补助。

　　（2）国家向退耕农户提供种苗造林补助费。

　　（3）国家保护退耕还林者享有退耕地上的林木（草）所有权。

　　（4）退耕还林后的承包经营权期限可以延长到 70 年。

　　（5）租期满后，经批准，退耕还林者依法享有退耕地上所种林木的采伐权。

　　（6）退耕还林所需费用，由国家按照退耕还林基本建设投资的一定比例给予补助。

　　（7）国家对退耕还林实行省、自治区、直辖市人民政府负责制。

三、天然林保护工程

　　天然林保护工程，是指国家为了从根本上遏制生态环境恶化，保护生物多样性，促进社会、经济的可持续发展而设置的中长期天然林保护计划工程①。该工程是 1998 年 10 月召开的党的十五届三中全会提出并实施。

1. 指导思想

根据自然条件、地理位置、水系、山脉等特征，将林业用地划分为生态公益林和商品林，其中，生态公益林又根据保护程度的不同，分为重点公益林和一般公益林，顾名思义，重点公益林做重点保护，一般公益林实行一般保护。

天然林保护是以天然林资源的保护和恢复为中心，要达到两个目标：一是天然林资源得到有效的保护和恢复，增强其生态功能；二是通过实施天然林保护工程，使林区经济结构得到合理调整，实现林区经济平稳过渡。

天然林保护工程要实现三个调整：一是经营思想调整，将由木材采伐转向保护和培育森林资源；二是产业结构调整，由单一的以木材原料为主的林业产业结构，向适合市场经济需要的全方位的产业结构调整，在保护好天然林资源的同时，合理地利用好林区的其他资源，形成新的产业经济链；三是管理体制调整，利用天然林保护工程实施的契机，理顺管理体制，建立政企分开的管理体制和分级的森林资源管理体制。

2. 覆盖范围

天然林保护工程范围覆盖云南、四川、重庆、贵州、湖南、湖北、江西、山西、陕西、甘肃、青海、宁夏、新疆（含生产建设兵团）、内蒙古、吉林、黑龙江、海南、河南等 18 个省（区、市）的重点国有森工企业及长江、黄河中上游等地区生态地位重要的地方森工企业、采育场和以采伐天然林为经济支柱的国有林业局（场）、集体林场。

---

① 天然林保护工程［EB/OL］.［2024 - 4 - 20］. https：//baike. so. com/doc/6238156 - 6451523. html.

3. 分阶段目标

天然林保护工程分三个阶段实施。

①第一阶段（近期目标，2000 年）：调减天然林木材产量、加强生态公益林建设与保护、妥善安置和分流富余人员。

②第二阶段（中期目标，2010 年）：生态公益林建设与保护、建设转产项目、培育后备资源、提高木材供给能力、恢复和发展经济。

③第三阶段（远期目标，2050 年）：天然林资源得到根本恢复，基本实现木材生产以利用人工林为主。

4. 天然林保护的工程重点

天然林保护工程的重点是国有林区，即指分布于东北地区的黑龙江省、吉林省、内蒙古自治区，西北地区的陕西省、甘肃省、新疆维吾尔自治区、青海省，西南地区的四川省、重庆市和云南省，共计 10 个省份归国家所有的成片天然林林区。

工程重点之所以选择国有林，是因为，第一，国有林区是中国最大的森林后备资源培育基地以及木材和林副产品供应基地。第二，国有林区的天然林资源集中分布在中国大江大河的源头、大型水库周围和重要山脉核心地带，在蓄水保土、稳定河床、调节流量、保护水源、保土防蚀、减少江河泥沙淤积等方面发挥着重要作用，是国家的建设重点。第三，国有林区是多种生物最大的栖息地，丰富多彩的森林生态系统孕育了复杂多样的动植物资源，为生物多样性保护提供了良好的生态环境。第四，国有林区多处于边陲地区，也是少数民族集中地区，这些地区经济发展极为缓慢，因此，为繁荣民族地区和边陲地区的经济发展，选择边陲地区的国有林区，意义重大。

四、林长制

1. 林长制及其意义

林长制是以做好"五绿"（护绿、增绿、管绿、用绿、活绿），促进"林长治"为目标,按照"分级负责"原则,由各级地方党委和政府主要负责同志任林长,其他负责同志任副林长,构建省、市、县、乡、村五级林长体系,实行分区(片)负责,落实保护发展林草资源属地责任的制度。各级林长督促指导责任区内森林资源的保护发展工作,协调解决森林资源保护发展重大问题,依法查处各类破坏森林资源违法行为的制度安排。林长制实际上是在国家拥有森林所有权的条件下,省市县乡村拥有部分经营权利(与责权利相对应),根据各自所负的责任,对森林的责、权、利的分工。

实施林长制改革,是强化地方党委、政府保护发展林草资源的主体责任和主导作用,全面贯彻习近平生态文明思想和新发展理念的重大实践,也是守住自然生态安全边界的必然要求,将有效地解决林草资源保护的内生动力、长远发展、统筹协调等问题,不断增进人民群众的生态福祉,更好地推动生态文明和美丽中国建设①。

2. 林长制实施的背景

2016 年,江西省抚州市率先试点"山长制",武宁县率先试点"林长制"②。安徽省是全国率先推行林长制改革的省份。2017 年 3 月,安徽省委、省政府出台了《关于建立林长制的意见》(以下简称《意见》),提出要在合肥、安庆、宣城等地先行试点,2018 年在全省推开,建立省、市、县、乡、村五级林长制体系,构建责任明确、协调有序、监管严格、运行高效的林业生态保护发展机制,为实现森林资源永续利用、建设绿色江淮美好家园提供制度保障。之后,江西、山东等地陆续全面开展林长制改革。2019 年 4 月,国家林业和草原局致函安徽省政府,同意安徽省创建全国林长制改革示范区,为全国提供可复制、可借鉴的经验。党的十九届五中全会明确提出要"推行林长

---

① 推行林长制具有什么重大意义?[EB/OL].(2021 - 01 - 14)[2024 - 2 - 15].https://www.forestry.gov.cn/c/www/xzsl/45538.jhtml.

② 林长制的探索实践是怎样发源的?[EB/OL].(2021 - 01 - 14)[2024 - 2 - 15].https://www.forestry.gov.cn/c/www/xzsl/45968.jhtml.

制"，2021 年 1 月 12 日，中央《关于全面推行林长制的意见》要求，各级地方党委和政府要切实加强组织领导和统筹谋划，明确责任分工，细化工作安排，狠抓责任落实，确保到 2022 年 6 月全面建立林长制。

3. 林长制的组织体系

安徽省是全国探索林长制最早的省份，对森林资源的管理、保护起到重要的示范带动作用①。林长制的组织体系由省、市、县、乡、村五级林长组成。（1）总林长。省、市、县（市、区）设立总林长，由党委、政府主要负责同志担任；设立副总林长，由党委、政府分管负责同志担任。（2）林长。市、县（市、区）根据实际需要，分区域设立林长，由同级负责同志担任；乡镇（街道）设立林长和副林长，分别由党委、政府主要负责同志和分管负责同志担任；村（社区）设立林长和副林长，分别由村（社区）党组织书记和村（居）委会主任担任。（3）林长会议制度和林长办公室。县级以上政府建立相应的林长会议制度和林长办公室。省级林长办公室设在省林业厅。

4. 林长的工作职责

林长的工作职责是：（1）制定发展规划。制定森林、草原资源保护与发展规划，强化统筹治理，系统治理，推动制度建设，完善责任机制。（2）领导保护与发展工作。领导责任区域内森林草原资源的保护发展工作，落实保护发展森林草原资源目标责任制，将森林覆盖率、森林蓄积量、草原综合植被盖度、沙化土地治理面积等作为重要指标，因地制宜地确定目标任务。（3）协调解决重点难点问题。协调解决责任区域的重点难点问题，依法全面保护森林、草原资源，推动生态的保护和修复。（4）落实与监督。落实森林草原防火灭火、重大有害生物防治责任和措施，强化森林草原行业行政执法。

5. 林长制的任务

根据森林资源特点，确定林长制的任务。林长制有六项主要任务：

---

① 厅办公室. 省委省政府出台建立林长制的意见［J］. 安徽林业科技，2017，43（5）：17 - 17.

（1）林业生态的保护修复。实行严格的森林资源保护管理制度，严守生态保护红线。加强公益林管护，全面停止天然林商业性采伐活动。全面加强湿地、野生动植物资源和古树名木保护，维护生物多样性。

（2）森林资源的生态修复。森林资源的修复，以天然修复为主。一是靠封山育林，二是靠义务植树活动，坚持人工造林、见缝插绿相结合，实现应绿尽绿。

（3）森林灾害的预防治理。重点是抓好森林防火和森林有害生物的防治，健全森林防灾减灾体系，确保森林火灾受害率、森林有害生物成灾率控制在规定的限度内。

（4）森林领域的改革深化。全面推进森林抚育管理，调整优化森林结构，不断提升森林生态服务能力、林产品供给能力和碳汇能力；推动林业企业的转型升级，延长林业产业链，增加附加值；推进林业一、二、三产业融合发展，促进农民致富。进一步明确国有林的定位，国有林更多地以公益事业为中心。

（5）执法监督管理。加快完善地方林业法规体系，全面加强林业执法队伍建设和执法监督，严厉打击破坏林业生态资源的违法犯罪行为。

（6）基层基础建设。基础设施建设包括硬件建设和软件建设。硬件建设包括道路、围栏、观察哨所、消防、康养、科普、旅游等基础设施，软件建设包括消防智慧森林系统、消防指挥系统、森林监测系统，科普、服务系统等。

6. 实施林长制的保障措施

（1）建立组织保障体系。明确护绿、增绿、管绿、用绿、活绿的五项任务，形成省级总林长负总责——市县总林长负责指挥协调——区域性林长负责督促调度——功能区林长负责抓特色——乡村林长负责组织保障体系建设。

（2）明确责任体系。省委、省政府确立了有关部门在林长制的职责，建立会议调度、工作督察、考核问责、社会监督等工作机制，出台林长制改革配套制度，形成上下衔接、上下协同的保障体系。

（3）建立考核监督体系。国家和地方机构紧密合作。国家林业和草原局林长制工作领导小组负责指导全国林长制的实施、督查和考核等工作，局各派出机构把林长制实施情况纳入督查工作范畴，各级林草主管部门承担林长制日常工作，统筹本区域内林长制组织实施和督查考核。各级地方党委、政府是推行林长制的责任主体，省、市、县（市、区）总林长负责组织对下一级林长进行考核，考核结果作为党政领导班子综合考核评价和干部选拔任用的重要依据。实行生态环境损害责任终身追究制，对生成生态环境损害的，严格按照有关规定追究责任。

7. 深化林长制改革

以安徽省为例，2018 年 4 月 30 日，安徽省委、省政府出台了《关于推深做实林长制改革优化林业发展环境的意见》，具体内容包括：

（1）完善森林生态效益补偿机制。提高公益林生态效益补偿标准。

（2）保障林地经营权顺畅有序流转。积极引导农户在自愿的基础上依法流转林地经营权，促进林业适度规模经营。

（3）加快推进林区道路建设。

（4）强化林业投融资服务。

（5）鼓励社会资本加入林业建设。

8. 对林长制的评价

林长制是一项综合制度，包含以下具体内容。

（1）林长制是森林资源在政府部门之间的责权利分工。林长制体系包括省市县乡村五级，按照"分级负责"原则，各自在职责范围内负责。实际上是各级政府部门监管全民所有森林资源的职责分工。

（2）林长制着力推进林权的流转制度。林权证包括林地所有权、林地使用权、森林或林木所有权、森林或林木使用权。林地所有权归国家所有，林地使用权、森林或林木所有权、森林或林木使用权可以归不同单位，通过租赁、承包等方式获得。林权的流转，是指后三种权利的流转。林权流转，有利于森林或林木资源的优化配置，提高资源利用效率。

（3）林长制突出森林资源的公益性。森林资源的公益性巨大。森林资源的公益性表现在森林不仅是生活休憩的场所，而且可以吸收 CO_2、释放 O_2，吸收有毒气体、降低噪声、消灭细菌等，能够净化空气和水、涵养水源、固土保肥，以及维护生物多样性。林长制对发挥森林资源的公益性具有重大的作用。

五、林草规划

通过规划来调控林业草原湿地资源是通常的做法。《"十四五"林业草原保护发展规划纲要》（以下简称《规划纲要》）明确，到 2035 年远景目标是全国森林、草原、湿地、荒漠生态系统质量和稳定性全面提升；生态系统碳汇增量显著增加，林草对碳达峰、碳中和的贡献显著增强；建成以国家公园为主体的自然保护地体系，野生动植物及生物多样性保护显著增强；优质生态产品供给能力极大提高，国家生态安全屏障更加牢固，生态环境根本好转，美丽中国建设目标基本实现。

"十四五"的主要目标。到 2025 年，森林覆盖率达到 24.1%，森林蓄积量达到 180 亿立方米，草原综合植被盖度达到 57%，湿地保护率达到 55%，以国家公园为主体的自然保护地面积占陆域国土面积比例超过 18%，沙化土地治理面积 1 亿亩，国家重点保护野生动、植物种数保护率 75%/80%，林业/草原火灾受害率 ≤0.9‰/≤2‰，林业/草原有害生物成灾率 ≤8.2‰/≤9.5‰，林草产业总价值 9 万亿元，森林生态系统服务价值 18 万亿元。

规划纲要对国土绿化行动、以国家公园为主的自然保护地体系建设、草原与湿地保护修复、野生动植物保护、防沙治沙、做优做强林草产业、林草资源监管、森林草原防灭火一体化建设、林草有害生物防治、林草深化改革、山水林田湖草沙共同体理念的贯彻执行以及对林草支撑体系、保障措施进行擘画。

第五节　海洋资源宏观调控

一、海洋功能区划

海洋有多种功能，根据海洋的功能不同，划分出不同的海域。总体上说，海洋有三大功能：一是海洋资源的经济社会利用。主要有：海水养殖和海洋渔业捕捞、海上运动、海滨浴场与旅游娱乐、海洋矿产开发、海水开发利用、海洋工程（海滨开发、海上风电、海水发电、核电等）、海洋港口、海上交通等；二是海洋生态环境保护；三是海洋军事。

根据海洋功能区划，国家实行分级审批制度：国务院——全国海洋功能区划；省（区、市）人民政府——沿海省（区、市）海洋功能区划，同时报国务院批准；市、县人民政府——沿海市、县海洋功能区划，同时报所在的省（区、市）人民政府批准，报国务院海洋行政主管部门备案。

二、海洋环境保护规划

当前，中国海洋生态环境保护面临的结构性、根源性、趋势性压力尚未得到根本缓解，海洋环境污染和生态退化等问题仍然突出，治理体系和治理能力建设亟待加强，与美丽中国建设目标要求和人民群众对优美海洋生态环境的向往相比还有不小的差距。

针对上述问题，中国《"十四五"海洋生态环境保护规划》在内容上突出五个"更加注重"特点：

（1）更加注重公众亲海需求。集中攻克老百姓身边的突出海洋生态环境问题，不断提升公众临海亲海的获得感和幸福感。

（2）更加注重整体保护和综合治理。以海湾（湾区）为重要单元和行动载体，以海洋生态环境突出问题为导向，陆海统筹推进海洋污染治理、生态保护和应对气候变化。

（3）更加注重示范引领和长效机制建设。强化"水清滩净、鱼鸥翔集、人海和谐"的美丽海湾示范引领，建立健全海洋生态环境治理长效机制。

（4）更加注重科技创新与治理能力提升。以科技创新驱动海洋生态环境治理能力提升，深化对海洋生态环境突出问题及成因根源的科学认知，加快补齐基础性、关键性能力短板。

（5）更加注重深度参与全球海洋生态环境治理。践行海洋命运共同体理念，在应对全球气候变化、保护海洋生物多样性等领域增强中国经验、中国智慧的全球分享。

三、海洋经济发展示范区

2018 年，国家发展和改革委员会、自然资源部联合印发了《关于建设海洋经济发展示范区的通知》，支持 14 个海洋经济发展示范区建设。他们分别是山东 2 个：山东威海海洋经济发展示范区、日照海洋经济发展示范区；江苏 2 个：江苏连云港海洋经济发展示范区、盐城海洋经济发展示范区；浙江 2 个：浙江宁波海洋经济发展示范区、浙江温州海洋经济发展示范区；福建 2 个：福建福州海洋经济发展示范区、福建厦门海洋经济发展示范区；广东 2 个：广东深圳海洋经济发展示范区、湛江海洋经济发展示范区；海南、广西、天津、上海各 1 个：海南陵水海洋经济发展示范区、广西北海海洋经济发展示范区、天津临港海洋经济发展示范区、上海崇明海洋经济发展示范区。

第六章　自然资源监管

　　从政府之间权利关系来看，中央政府不可能对所有的自然资源进行管理，而是要充分调动各层级政府的积极性，让不同层级的政府拥有不同的管理权限和相应的利益。这就涉及政府之间的权力分配。政府之间的权力分配，是基于以下两个方面理由：一是自然资源的安全管理，是由国家层面的自然资源管理机构来完成，土地、矿产、森林、草原、湿地、海洋和自然保护地自然资源的安全管理，由自然资源部负责，重要煤矿和油气资源的安全管理由国家发改委能源局负责，水资源的安全管理由水利部负责，农垦局的农业自然资源安全由农业农村部负责。二是自然资源资产的重要程度。重要程度高、影响面广的自然资源，应由国家层面的自然资源管理机构来管理，如大江大湖大河、战略性矿产、重要能源、重大国有林区、重要湿地、海洋等。

　　自然资源的监管机构的设置，分成四个层级：一是国家层面，二是省级层面，三是地市级层面，四是区县级层面。国家层面是代表国家，对自然资源进行监管。自然资源为全民所有的，由国务院代表国家行使全民所有自然资源所有权，委托自然资源部统一履行全民所有自然资源所有者职责，部分职责由自然资源部直接履行，部分职责由自然资源部委托其他部门、省级政府、地市级政府代理履行，法律另有规定的依照其规定。省级、地市级和区县级层面，由地方政府授权，对辖区自然资源进行监管。归集体所有的自然资源有自留地、自留山以及法律规定的森林和山岭、草原、荒地、滩涂等，但这部分不多。

第一节　土地资源监管

一、土地监管依据

土地监管依据包括：土地利用规划、土地储备、农村土地承包经营管理、城市土地开发管理、土地交易（出让、转让）、土地整理规范、土地保护、土地污染防治、涉土地税收等方面的法律、行政法规、部门规章及规范性文件。

1. 土地监管法律

自 1986 年 6 月 25 日《中华人民共和国土地管理法》颁布以后，经过近 40 年的发展，形成了以《土地管理法》《农村土地承包法》《城市房地产管理法》为中心的法律法规体系，包括《城乡规划法》《黑土地保护法》《耕地占用税法》《土壤污染防治法》《水土保持法》。

2. 行政法规

土地行政法规包括《土地管理法实施条例》《城市房地产开发经营管理条例》《土地调查条例》《土壤污染防治基金管理办法》《城乡建设用地增减挂钩节余指标跨省域调剂实施办法》《国有土地上房屋征收与补偿条例》《基本农田保护条例》《耕地占用税暂行条例》《退耕还林条例》《土地增值税暂行条例》《外商投资开发土地管理办法》。

3. 部门规章

土地部门规章包括土地利用、处置、复垦、调查、争议处理、出让、承包、纠纷仲裁等方面监管的部门规章。

《全国国土空间规划纲要（2021—2035 年)》是未来土地监管的重要依据。

二、土地监管体制

（一）土地监管机构

土地资源的监管机构是自然资源部、自然资源厅、市自然资源与规划局和县自然资源与规划局。由于县自然资源与规划局涉及的是具体的监管，这里不再详细阐述。

全民所有的土地，采用逐级委托方式，由国务院代表全民所有，委托省（区、市）政府（统称为省级政府），再由省级政府委托地市政府。省级政府授权省自然资源厅负责管理，各地市政府授权市自然资源与规划局管理。

1. 自然资源部

自然资源部负责以下责任：

（1）全国土地资源利用与保护规划的编制；

（2）全国土地资源安全措施的制定；

（3）全国土地资源的确权登记；

（4）全国性土地资源（含矿山、林地、湿地、自然保护地用地）管理；跨省域土地资源的管理；与省自然资源厅、水利厅、林业局共同管理的土地资源的管理（有条件的逐步过渡到自然资源部管理）；

（5）国家级及以上自然保护地的管理；

（6）中央政府及军队所用土地的管理；

（7）土地资源处置规则的制定与实施；

（8）土地资源损失赔偿的追索。

2. 省（区、市）自然资源厅（局）

省（区、市）自然资源厅（局）负责以下责任：

（1）省（区、市）土地资源利用与保护规划的编制；

（2）自然资源部委托省自然资源厅（局）的城市土地资源及矿山用地、省（区、市）级自然保护地用地的管理；

（3）自然资源部委托省自然资源厅（局）的省（区、市）政府及军队用地、重点工程用地、公益事业用地的管理；

（4）全国土地安全措施的实施、全国土地利用与保护规划的实施；

（5）配合自然资源部，对省域土地资源进行确权登记；

（6）省（区、市）级土地自然资源资产处置。

3. 市自然资源和规划局

市自然资源和规划局负责以下责任：

（1）本市土地资源利用与保护规划的编制；

（2）国家委托的森林、草原、湿地和市及以下自然保护地用地的管理；省级政府委托的城市土地、矿山用地的管理；

（3）省自然资源厅委托市自然资源与规划局的本市政府、军队、重点工程及公益事业所用土地的管理；

（4）配合国家和省自然资源厅进行土地资源确权登记；

（5）全国土地安全措施、全国土地规划和全国性土地资源管理措施的落实；

（6）省（局）土地资源规划和土地资源管理措施的实施；

（7）本市土地资源资产的处置，利用土地自然资源资产处置。

（二）土地监管权力

1. 自然资源部

自然资源部拥有以下权利：

（1）城市土地的获得，国家直接拥有原来城镇土地所有权，并依据《土地管理法》，通过征地，由集体转为国有；

（2）关系国家安全和国家形象的土地的管理、跨省域土地资源的管理、与省共同管理的土地资源管理；

（3）许可证的管理（国家级自然保护地、矿山土地许可证）；

（4）中央政府及军事用地的协议出让审批；

（5）土地资源的处置，如土地资源的合并、入股、变卖、抵押，委托专业机构经营等；

（6）土地资源的收益管理（收入和支出管理）。

2. 省（区、市）自然资源厅（局）

省（区、市）自然资源厅（局）拥有以下权利：

（1）自然资源部委托的土地资源管理；

（2）省级政府及军事、外交、重点工程及公益事业用地的审批；

（3）省级土地收益的管理；

（4）省级土地资源的处置；

（5）对省土地资源的损害赔偿请求。

3. 市自然资源和规划局

市自然资源和规划局拥有以下权利：

（1）自然资源厅（区、市）委托市的土地管理；

（2）自然资源厅（区、市）委托市自然资源与规划局的土地开发许可证管理；

（3）本市及以下政府及军事用地、重点工程和公益事业用地的审批；

（4）本市土地资源收益的管理；

（5）本市土地资源的处置；

（6）对本市级土地资源的损失赔偿请求。

（三）土地监管方式

1. 土地招拍挂制度

（1）招拍挂的含义。

土地招、拍、挂制度是土地招标、拍卖、挂牌制度的简称，是指中国国有土地使用权的出让管理制度。中国的《土地管理法》及其相关的部门规章规定：经营性国有土地，必须通过招标、拍卖或挂牌等方式向社会公开出让。

招、拍、挂是中国国有土地使用权出让四种方式：招标、拍卖、挂牌和协议方式的主要方式。招标、投标的初衷是从制度和源头上保证土地使用权出让工作的廉政，规范土地市场行为，建立公开、公平、公正的资源性资产配置的新机制。

招标、拍卖和挂牌交易三种交易方式的区别：

①竞争的核心内容不同。

招标和拍卖必须有三家或三家以上有资格的竞买方才可进行，挂牌出让则没有这个数目规定。拍卖和挂牌上市两种方式均为"价高者得"，因此，各申请方竞争的核心是出价能力和价格水平。而招标则通常有"价高者得"和"综合满意度最佳"两种标准，也就是说，竞争的核心可以是价格，也可以是包括价格在内的多种因素的综合考量。

②公开程度和竞争程度不同。

对拍卖和挂牌上市而言，竞争各方的出价均被实时或"准实时"地公之于众，且同一竞争者可以多次出价，形成多轮竞价。招标中，各申请方竞争条件的公开则具较大时滞，即在发标方收到各家标书后，必须有保密期，并在约定时间开标。

从竞争程度来看，拍卖的竞争程度最高，竞争的程度随着现场变动而变动，竞买方之间具有一定的互动，属于激烈竞争。招标竞争程度则低一些，属于温和竞争，没有竞买方之间的"短兵相接"，也没有多轮竞争。而挂牌中的竞争则是不确定的，可以是因竞买者众多而出现多轮竞价甚至转为现场竞价，也可以是只有一家报价而无"对手"。

③竞买方的思维特征不同。

在拍卖和挂牌中，竞争的核心是价格，竞买方在竞争过程中，主要考虑的也是价格。因此，如何在价格上"击败"对手，特别是在现场竞价的决策过程中，如何考虑现场气氛、心理因素，是值得研究的课题。

在招标中，特别是采取综合评标的情况下，竞争方往往要精心设计方案、编写标书，全面考虑资金、技术、效益等各项因素的综合作用，提交自己认为最满意的方案。

（2）招拍挂的程序。

招拍挂的程序是相同的，但出让文件的内容却不同。

①土地监管部门公布出让计划，确定供地方式。

②土地监管部门编制、确定出让方案。

③地价评估，确定出让底价。

④编制出让文件。

出让文件因招标、拍卖和挂牌方式而有所不同。

招标出让文件包括以下内容：

招标出让文件包括出让公告或投标邀请书、出让须知、标书、投标申请书、宗地界址图、宗地规划指标要求。中标后，还要出具中标通知书、国有土地使用权出让合同等。

拍卖出让文件包括以下内容：

拍卖出让文件包括出让公告、出让须知、竞买申请书、宗地界址图、宗地规划指标要求。成交后，还要出具成交确认书、国有土地使用权出让合同等。

挂牌出让文件包括以下内容：

挂牌出让文件包括出让公告、出让须知、竞买申请书、竞买报价单、宗地界址图、宗地规划指标要求。成交后，还要出具成交确认书、国有土地使用权出让合同等。

⑤土地监管部门发布出让公告。

⑥申请和资格审查。

⑦招标拍卖挂牌活动实施。

投标程序包括：投标——开标——评标——定标——发出《中标通知书》。

拍卖程序包括：

宣布拍卖会开始——宣布竞买人到场情况——介绍拍卖地块的基本情况——宣布竞价规则——宣布竞价开始——竞买人举牌报价——确认继续竞价——宣布拍卖成交——签订《成交确认书》。

挂牌程序包括：公布挂牌信息——竞买人报价——确认报价——挂牌截止。

⑧签订出让合同，公布出让结果。

⑨核发《建设用地批准书》，交付土地。

⑩办理土地登记。

⑪资料归档。

2. 国土空间用途管制

（1）基本内涵。

国土空间用途管制①源于土地用途管制，是落实国土空间规划的重要举措，涉及规划、实施、监督三项核心职责。其基本内涵是：根据可持续发展的要求和不同层级公共管理目标，将国土空间划为不同尺度的空间区域，并制定出各空间区域的用途管制规则或正负面清单，通过用途变更许可或正负面清单等配套政策，使开发利用者严格按照国家规定的国土空间用途开发利用的制度。

国土空间用途管制的核心内容包括四个方面：①国土空间区域划分；②分区内容确定；③管制条款或正负面清单制定；④管制实施。

土地用途管制是实施国土空间用途管制的核心，土地使用分区的设计有利于提高国土空间利用的合理性，而管制规则的制定为用途管制的实施提供了标准依据和制度保障。

（2）功能。

与传统土地用途管制相比，国土空间用途管制在以下三个方面具有更强的功能：

---

① 何谓国土空间用途管制？［EB/OL］.（2021 – 02 – 19）［2024 – 03 – 10］. http：// zgj. ningbo. gov. cn/art/2021/2/19/art_1229046777_58929452. html.

①整体性和全域性方面。国土空间用途管制要做到区域全覆盖，不仅要管控农用地和建设用地，还要管控海洋以及河流、湖泊、荒漠等自然生态空间。

②空间管控方面。它不仅指一般意义上的地下、地表和地上的立体空间，更是指由土地、水、地形、地质、生物等自然要素以及建筑物、工程设施、经济及文化基础等人文要素构成的地域功能空间。

③空间治理方面。国土空间用途管制以空间治理体系和治理能力现代化为目标导向，更强调将山水林田湖草海沙作为生命共同体的功能。它以可持续发展为价值取向，不断推进国土空间用途管制的治理结构和治理模式创新，理顺空间、要素与功能之间的逻辑关系，实现政府－市场－社会的联动，国土空间规划－国土空间用途管制－资源总量管控的联动，构建底线约束与激励引导相结合的新机制，切实推进空间开发利用更有序、更有效和更高品质。

第二节　矿产资源监管

一、矿产资源监管依据

矿产资源开发监管的依据是法律、行政法规和部门规章等。此外，矿产资源监管还涉及《宪法》《民法典》《土地管理法》《森林法》《水法》《海洋环境保护法》《环境影响评价法》《固体废弃物污染环境防治法》以及配套的一系列行政法规、部门规章和规范性文件。

（一）监管法律

矿产资源监管法律（指行业性法律）主要有《矿产资源法》《煤炭法》《能源法》《矿山安全法》。

（二）监管的行政法规

矿产资源监管的行政法规主要有《矿产资源法实施细则》《探矿权采矿权转让管理办法》《对外合作开采陆上石油资源条例》《矿产资源开采登记管理办法》《矿山安全法实施条例》。

（三）部门规章

矿产资源监管的部门规章有《外商投资矿产勘查企业管理办法》《地质勘查市场管理暂行办法》。

（四）部门规范性文件

矿产资源监管的部门规范性文件较多，有特定矿种保护性开采、深化矿产资源管理改革、矿业权出让收益征收管理、矿业权出让矿业权转让、矿业权招标拍卖、矿业权登记、矿产资源统计等管理办法（规则、通知）。

二、矿产资源监管体制

（一）矿产资源监管机构

矿产资源监管分成三级：自然资源部、省（区、市）自然资源厅（局）、地市自然资源与规划局。

遵循国家负责矿产资源安全及战略性矿产的管理思路，其他大部分矿产资源的管理权下放到省自然资源厅（局），少数由县级自然资源与规划局管理的砂、石和取土权利，移交到市自然资源与规划局。

自然资源部 2023 年 7 月 28 日发布了《自然资源部关于深化矿产资源管理改革若干事项的意见》，文中规定，自然资源部负责石油、烃类天然气、页岩气、天然气水合物、放射性矿产、钨、稀土、锡、锑、钼、钴、锂、钾盐、晶质石墨等 14 项战略型矿产的矿业权出让登记；自然资源厅（局）负责其他战略性矿产的矿业权出让登记，并落实矿产资源规划管控措施；省级及以下自然资源与规划局负责其余矿种的矿业权出让登记。

1. 国家层面的机构

（1）自然资源部。

自然资源部负有以下责任：

1）全国矿产资源安全措施的制定；

2）全国矿产资源利用与保护规划的编制；

3）全国矿产资源的确权登记；

4）战略性关键矿产管理，跨省域矿产资源管理；

5）矿产资源处置规则的制定与实施。

（2）国家发改委。

国家发改委负有以下责任：

1）全国能源安全措施制定；

2）全国能源发展与保护规划编制；

3）全国重要能源（大型煤矿、油气田）的管理；

4）全国重要能源（大型煤矿、油气田）生态环境修复与治理；

5）全国能源资产的处置规则的制定与实施。

2. 省级层面的机构

（1）自然资源厅（局）。

自然资源厅（局）负有以下责任：

①省（区、市）矿产资源利用与保护规划的编制；

②除了自然资源部管理的战略性关键矿产以外，自然资源部委托省自然资源厅（局）的其他矿产资源的管理；

③配合自然资源部，对省域矿产资源进行确权登记；

④全国矿产资源安全措施、全国矿产资源规划、国家战略性矿产

管理措施的实施；

（2）省（市）发改委。

省（市）发改委负有以下责任：

①省级能源资源的开发利用规划编制；

②国家能源规划的实施。

3. 地级市层面的机构

（1）地级市（区）自然资源与规划局。

地级市（区）自然资源与规划局负有以下责任：

①本市（区）砂、石和取土等矿产资源利用与保护规划的编制；

②省自然资源厅（局）委托市自然资源与规划局的砂、石和取土等的管理；

③配合省自然资源厅（局），对本地区范围砂、石和取土等矿产资源进行确权登记；

④全国矿产资源安全措施、全国矿产资源规划和全国矿产资源管理措施的落实；

⑤省矿产资源规划和矿产资源管理措施的实施。

（2）地级市（区）发改委的责任清单。

①省级能源规划的落实；

②市级能源规划的编制。

（二）矿产资源监管权力

1. 国家层面拥有的权力

（1）自然资源部。

①关系国家安全矿产资源保护的管理、跨省域矿产资源的管理、与省共同管理的矿产资源管理；

②许可证的管理（战略性矿产资源勘探、矿业权许可证）；

③矿产资源资产的处置；

④矿产资源的收益管理（收入和支出管理）。

（2）国家能源局。

①大型煤矿、油气田的管理；

②大型煤矿、油气田探矿权、采矿权许可证管理；

③国家能源收益管理；

④国家能源矿产资产的处置。

2. 省级层面拥有的权力

（1）省（区、市）自然资源厅。

①自然资源部委托的矿产资源管理；

②省级矿产资源收益的管理；

③省自然资源资产的处置；

④对省级矿产资源损害赔偿请求。

（2）省发改委。

①国家能源局委托省发改委的省级重要能源的管理；

②省级煤田（探矿权、采矿权）、油气田（探采合一）许可证管理；

③省级能源收益的管理；

④省级能源资产的处置；

⑤对省级能源资源损害赔偿请求。

3. 地市级层面拥有的权力

（1）市自然资源与规划局。

①省级自然资源厅委托市矿产资源的管理；

②省级自然资源厅委托市自然资源与规划局的矿产资源（砂、石、土）采矿权许可证管理；

③本市（区）矿产资源收益的管理；

④本市（区）矿产资源资产的处置；

⑤对本市（区）矿产资源造成损失赔偿请求。

（2）市发改委。

①省发改委委托市发改委的能源管理；

②本市（区）能源收益的管理；

③本市（区）能源资产的处置；

④本市（区）能源造成损失的请求赔偿。

（三）矿产资源监管方式

1. 矿业权行政许可

《矿产资源法》第四条规定：勘查、开采矿产资源，应当依法取得探矿权、采矿权。

根据《矿产资源法》第八条、《矿产资源法实施细则》《矿产资源勘查区块登记管理办法》《矿产资源开采登记管理办法》的规定，矿产资源保护、勘查、开采、矿区生态修复的管理和监督工作分为国家、省（区、市）、市、县（区）四级管理体制。县（区）级的管理权可以上移到市级。

勘查许可和开采许可由自然资源管理部门发放，分为两级：自然资源部和省（区、市）的自然资源厅（局）。现在的管理重心下移，主要集中在省一级自然资源管理部门。

2. 出让审批

（1）自然资源部。

根据《矿业权出让制度改革方案》，由自然资源部负责审批的矿种有：

①14种重要战略性矿产。石油、烃类天然气、页岩气、天然气水合物、放射性矿产、钨、稀土、锡、锑、钼、钴、锂、钾盐、晶质石墨。

②沿海各省、自治区、直辖市管辖海域之外的中华人民共和国管辖海域的探矿权、采矿权审批。

（2）自然资源厅（局）。

根据《矿业权出让制度改革方案》，由自然资源厅（局）负责审批的矿种有：

①除14种重要战略性矿产以外的矿业权出让、登记。

②战略性矿产中大宗矿产，如煤、铁、铜、铝土、镍矿等，通过

矿产资源规划管控，由省级自然资源主管部门负责矿业权出让、登记。

③其他矿种由省级及以下自然资源主管部门负责。

3. 矿业权交易监管

（1）矿业权出让方式监管。

矿业权出让是指登记管理机关以招标、拍卖和批准申请（申请在先）、协议出让等方式向矿业权申请人授予矿业权的行为。

《矿业权出让制度改革方案》按照找矿的高风险、低风险、无风险，将5类缩减为2类：招标、拍卖，特殊条件的慎重采取协议出让。国务院确定的特定勘查开采主体和批准的重点建设项目、大中型矿山已设立的采矿权深部采矿，采用协议出让。除此之外，矿业权一律以招标、拍卖方式出让。协议出让必须实行集体决策、价格评估和结果公示；以协议出让方式取得的矿业权，10年内原则上不得转让。

按照《矿业权出让转让管理暂行规定》，矿业权的出让须由县级以上人民政府自然资源主管部门（自然资源厅或自然资源局）根据《矿产资源勘查区块登记管理办法》、《矿产资源开采登记管理办法》以及省（区、市）人民代表大会常务委员会制定的管理办法规定的权限，采取批准申请、招标、拍卖等方式进行出让。

（2）矿业权转让监管。

矿业权转让是指矿业权人将矿业权转移的行为，包括出售、出资入股、合作、重组改制等。《矿产资源法》规定：禁止将探矿权、采矿权倒卖牟利。采矿权人不得将采矿权以承包等方式转给他人开采经营。自然资源部负责由其审批发证的矿业权转让的审批。省（自治区、直辖市）人民政府自然资源厅（局）负责其他矿业权转让的审批。未经批准，禁止探矿权、采矿权转让。以下两种情况例外：探矿权人在完成规定的最低勘查投入后可以优先获得采矿权；因合并或分立、合资、合作，或者资产出售或有其他变更产权的情形，经依法批准，矿山企业可以转让采矿权。

矿业权的出租、抵押，按照矿业权转让的条件和程序管理，并由原发证机关审查批准。

4. 矿山环境影响评价

矿山环境影响评价，是指对矿山建设规划和建设项目实施后可能造成的环境影响进行分析、预测和评估，提出预防或减轻不良环境影响的对策和措施，并进行跟踪监测的方法与制度。

2018年12月29日，国务院对《中华人民共和国环境影响评价法》作了修改，取消建设项目环境影响评价资质行政许可事项。建设项目环境影响评价已由原来的前置评价改为后置评价，如以前工商登记前就要求做环境影响评价，现在不做前置要求。但应注意的是，"前置"改为"后置"，不是让其空转，而是加强对事中和事后的监管。

修改后的《中华人民共和国环境影响评价法》对建设项目的环境影响评价实行分类管理：

（1）报告书。建设项目可能造成重大环境影响的，应当编制环境影响报告书，对产生的环境影响进行全面评价。

（2）报告表。可能造成轻度环境影响的，应当编制环境影响报告表，对产生的环境影响进行分析或者专项评价。

（3）登记表。对环境影响很小、不需要进行环境影响评价的，应当填报环境影响登记表。

（4）对涉及水土保持的建设项目，除了上述的环境影响评价外，还须提交经水行政主管部门审查同意的水土保持方案。

建设项目环境影响报告书的内容和格式，《中华人民共和国环境影响评价法》作了具体的规定。建设项目的环境影响报告书的内容一般包括（王玲，2011）以下内容：项目概况、建设项目周围环境现状、项目建设对环境可能造成影响的分析、预测和评估、项目的环境保护措施及其技术、经济论证、项目可能对环境影响的经济损益分析、对项目实施后的环境监测建议、项目实施的环境影响评价结论。

5. 安全生产监管

与计划经济时代的管理模式相适应，20世纪90年代以前，中国采取了"国家监察，行业管理，群众监督"的管理体制。该体制特别强调"管理生产必须管理安全"的思想，调动了各方面的积极性，也解决了安全与生产"两张皮"的问题。

但是，随着企业化改革的深入，矿山企业成为自主经营、自负盈亏、自我发展、自我约束的主体，地勘单位实行企业化管理，于是，国家确立了"企业负责，地方监管，国家监察，群众监督"的安全生产监管体制。该体制明确企业是安全生产工作的主体，并在全国范围内建立了以政府、部门、企业主要领导为第一责任人的安全生产责任制，形成了安全生产工作责任到人、重大问题有专门领导负责解决的局面。

（1）安全生产许可证制度。

2014年7月29日第二次修订的《安全生产许可证条例》规定：国家对矿山企业、建筑施工企业和危险化学品、烟花爆竹、民用爆炸物品生产企业实行安全生产许可制度，未取得安全生产许可证的矿山企业，不得从事矿产资源的开采。

（2）矿山安全生产责任制。

《中华人民共和国矿山安全法》规定：矿山企业必须建立、健全安全生产责任制。矿山安全生产责任制是矿山的安全管理制度，是企业所有安全规章制度的核心，将企业各级负责人员、各职能部门及其工作人员和各工作岗位工人在安全生产方面应做事情及应负的责任加以规定化。矿山安全生产责任制由三部分组成：行政领导岗位安全生产责任制、职能机构安全生产责任制和岗位人员的安全生产责任制。

矿长（包括经理、董事长、局长）是矿山企业安全生产第一责任人，对矿山企业安全生产工作负全面领导责任，各级主要负责人对本单位的安全生产工作负责，其技术负责人对本单位的安全技术工作负责。各职能机构对其职责范围内的安全生产工作负责。

（3）地方政府安全监管。

县级以上人民政府矿山安全生产主管部门行使以下管理职责：

①检查矿山安全法律、法规的贯彻执行情况；

②审批矿山建设工程安全设施的设计；

③负责矿山安全设施建设的竣工验收；

④组织矿长和矿山安全人员的培训；

⑤调查、处理矿山的重大安全事故；

⑥法律法规规定的其他职责。

（4）实行全方位安全监督。

《矿山安全法》《矿山安全法实施条例》建立了全方位的矿山安全监督机制，包括建立矿山建设保障机制、矿山生产保障机制、事故隐患预防机制、矿山企业安全管理机制、事故处理机制。

6. 价格监管

（1）征收资源税。

资源税是指在中华人民共和国境内开采应税资源的矿产品和生产盐的单位和个人征收的一种税。资源税于 1984 年开始征收，目的在于调节矿山级差收益，促进企业之间公平竞争。1994 年的税制改革，开始实行"普遍征收，级差调节"。

2019 年 8 月 26 日，修改后的《中华人民共和国资源税法》（以下简称《资源税法》）正式通过和发布，并将于 2020 年 9 月 1 日起施行。

修改资源税以后，资源税征税范围扩大：由原油、天然气、煤炭、其他非金属矿原矿、黑色金属矿原矿、有色金属矿原矿、盐这 7 类，扩大为：能源矿产、金属矿产（黑色金属、有色金属）、非金属矿产、水汽矿产、盐 5 大类。

从 2011 年开始实行资源税由从量计征向从价计征改革转变，现在是全面实施从价计征。大部分税率在 1%～6%，少部分上限提高到 10%。

（2）实施矿产资源权益金制度。

《矿产资源权益金制度改革方案》（以下简称《改革方案》）是根据矿业活动的不同环节确定税费，于 2017 年 7 月 1 日开始执行。

①矿业权出让环节：征收矿业权出让收益。

②矿业权占有环节：将探矿权使用费、采矿权使用费整合为矿业权占用费。

③矿产开采环节：将矿产资源补偿费（费率已降为0）并入资源税，取缔违规设立的各项收费项目。

④矿山环境治理恢复环节：将矿山环境治理恢复保证金调整为矿山环境治理恢复基金。

实行矿产资源权益金制度改革后，突出国家的矿产资源权益。将矿业权出让收益即矿业权价款：中央与地方分享比例由原来的2：8调整为4：6；对矿业权占用费，实行从价计征，分配比例上首次明确中央与地方分享比例为20%：80%，不再实行探矿权采矿权使用费按照登记机关分级征收的办法。

从2006年3月26日起，国家对石油开采企业征收石油特别收益金，起征点为65美元/桶（2015年1月1日开始），累进征收，最高征收率为40%（见表6-1）；石油特别收益金作为国家非税收入，纳入国家财政预算管理，其中相关部分用于消费者补贴。

表6-1　　　　　　　　　　　石油特别收益金税率标准

原油价格（美元/桶）	征收比例（%）	速算扣除数（美元/桶）
65~70（含）	20	0
70~75（含）	25	0.25
75~80（含）	30	0.75
80~85（含）	35	1.5
85以上	40	2.5

（3）矿产资源权益金制度改革的评价（吴文盛，2017）。

《改革方案》是对于现行矿产资源有偿使用制度"一税"（资源税）、"两款"（探矿权价款、采矿权价款）和"三费"（探矿权使用费、采矿权使用费和矿产资源补偿费）的改革，按照矿业权出让、占有、开采、矿山治理恢复等环节四个方面和配套政策及组织实施的内容，达到处理好"产权收益与税收收入""所有者收益与出资人收益""竞争性收益与固定性收益"三个方面的关系（见表6-2）。

表6-2　　　　　　权益金制度改革前后矿业的租税利费对比

改革前		改革后	
租		矿业权占用费	矿业权占用环节
税	资源税	矿业权出让收益	矿业权出让环节
利	探矿权采矿权价款	资源税（含矿产资源补偿费）	矿产开采环节
	探矿权采矿权使用费		
费	矿产资源补偿费	矿山环境恢复治理基金	矿山生态环境治理恢复环节
	矿山环境恢复治理保证金		

（4）着力推进矿产资源租税利费改革。

以矿产资源税费改革为切入点，理顺租税利费关系，利用矿产资源租税利费调节中央与地方的利益关系，减少因利益争夺而产生的地方政府与中央政府的博弈，调节好中央与地方、政府（省市县）与矿产资源开发利用主体（地勘单位、矿业公司）的关系。

①租税利费的内涵。

第一，租的含义。

租是产权收益。矿租是指矿产资源产权收益，包括绝对矿租、级差矿租Ⅰ和垄断矿租。绝对矿租、级差矿租Ⅰ，体现的是矿产资源所有权的收益，可以和探矿权使用费、采矿权使用费合并，称为租金或称为权利金，其中，绝对矿租有矿产资源产权一般收益的特征，级差矿租有级差收益特征。而探矿权使用费、采矿权使用费是获得矿产资源经营权的代价。

第二，税的含义。

税具有普遍性，只要有经营活动，都要纳税，或者说，税是政府提供公共产品的补偿。

矿产资源涉及的税有资源税（价内税）和增值税（价外税）。

资源税＝矿产品销售收入×税率。资源税的税率可按照现行资源税从价计征的税率。

金属、非金属矿采选的增值税＝17%×（销售金额－购入成本－本期找矿投入）

第三，利的含义。

利是投资回报，包括投资成本和利润。探矿权、采矿权价款属于投资收益（矿业投资成本＋利润）。

投资收益是既要回收成本，又要获取利润回报的。成本是前期的找矿投入，利润回报的计算由平均利润率计算得来。其计算公式为：

投资收益＝前期找矿投入×（1＋平均利润率）n，n代表找矿投资年限。

投资收益可以依据矿业权评估结果来确定。

第四，费的含义。

费是行政性收费，矿业活动的监管手段之一。矿产资源补偿费（已并入资源税）、矿山环境恢复治理基金（原矿山环境恢复治理保证金）属于费的范畴。

②明确对租税利费的认识。

第一，矿租的概念缺失。

产权制度是市场经济的基础，但产权收益却没有得到体现。在矿产资源权益金制度改革之前，中国矿产资源的税费结构中只有矿税、矿利和矿费的概念，而没有矿租的概念，而且这种结构是重费的结构。既然矿租是矿产资源产权的体现，而矿产资源产权制度是矿业市场运作的基础和前提，那么，可想而知，缺失矿租概念的矿产资源产权制度存在着重大漏洞，缺少矿租概念的矿产资源市场的运作效率也大打折扣。

第二，将矿产资源补偿费并入资源税缺乏理论依据，税费不分。

《改革方案》取消矿产资源补偿费，将其并入资源税，其本意是为了避免重复征收和解决功能重叠问题，但税不能与租的概念混淆。资源税属于税的范畴，具有普遍征收的性质，而矿产资源补偿费属于租的范畴，其征收的初衷是维护国家财产权益，不应并入资源税，而应并到矿租的范畴。

第三，资源税征收的理论依据不正确，其内容包含矿租。

1994 年的税制改革，实行"普遍征收，级差调节"政策，即不管矿山企业的性质、开采条件、规模、丰度（即品位），都要征收资源税（绝对地租），同时，对开采和储存条件好、品位和丰度都较高的矿藏征收较高的资源税（级差地租），以此来调节不同矿山企业间因开采的自然条件差异而造成的成本差异，为矿山企业的公平竞争提供保证。

但税的普遍征收不等于收取绝对地租。目前中国的矿产资源税既包含普遍征收的绝对矿租（一般资源税），又有级差征收的矿租（级差资源税），与税的本质内涵不相符，其理论依据是错误的。因为，级差矿租和绝对矿租是租的范畴，也就是说，资源税的征收是"荒了自己的地，耕了他人的田"，是租税不分、以税代租。以税代租，既与税的本质内涵相背离，也体现不出税收的强制性、权威性。进一步讲，现行的资源税属于价内税，是生产成本的组成部分，而级差矿租属于超额利润，相当于企业所得税，不应该进成本。

第四，探矿权使用费采矿权使用费合并成并未改变产权收益性质。

将探矿权使用费采矿权使用费合并成为矿业权占用费，体现占用环节的收费，但并没有改变矿产资源产权收益的性质，只不过让人感觉到它还是费的范畴。实际上，矿业权占用费体现的是矿业权的有偿取得，是国家让渡矿产资源的占有权和使用权（探矿权、采矿权）而向矿业权人收取的费用，仍是产权收益，是租的范畴。

第五，矿业权价款是矿产勘查投资的收益。

矿业权价款是国家将其出资勘查形成的矿产地的矿业权出让给他人，或者矿业权人将国家出资勘查形成的矿业权转让给他人，并按规定向受让人收取的款项。矿业权价款（探矿权价款或采矿权价款）实质是国家勘查投资的收益。

从以上分析可以看出，出路是租、税、利、费分开：①修改资源税的定义，资源税不再是绝对地租和相对地租的含义，而是政府提供公共产品的补偿，或者是为了支撑自然资源监管而收取的税。②资源税和矿业权出让收益仍保留，因为矿业权出让收益是"利"，资源税中的矿产资源补偿费已经降为零，是否把矿产资源补偿费剔除没什么意义，所以，资源税仍为"税"的范畴；矿业权占用费作为产权收益，为"租"的范畴；矿山环境恢复治理基金作为政府监管的手段而收取"费"。③如果矿业权占用费偏低，可适当提高，而降低资源税，以保证租税利费总和不提高，以免增加企业负担。

7. 整顿规范矿产资源开发秩序

整顿矿产资源开发秩序，指地方政府为认真贯彻落实《矿产资源法》及其配套法律法规，维护矿产资源国家所有权而采取的行动。整顿矿产资源开发秩序使无证勘查、开采、乱挖乱采、浪费破坏资源、严重污染环境等违法行为得到全面遏制；越界开采、非法转让探矿权、采矿权等违法行为得到全面清理，违法案件得到及时查处；矿山安全事故及生态环境破坏现象明显减少。

从20世纪90年代初开始，政府进行了几次全国性的矿业秩序整顿，收到了较好的效果，但总体上说，整顿矿业秩序是强制性的行政行为，且多为短期的。1995年，国务院颁发的《国务院关于整顿矿业秩序维护国家对矿产资源所有权的通知》，可以看作是全国整顿矿业秩序的开始。2001年4月《国务院关于整顿和规范市场经济秩序的决定》和同年11月《国务院办公厅转发国土资源部〈关于进一步治理整顿矿产资源管理秩序意见〉的通知》（以下简称《通知》），可以看作是第二次矿业秩序整顿。2005年8月18日，国务院下发了《关于全面整顿和规范矿产资源开发秩序的通知》（国发〔2005〕28号）。这是全国范围内的第三次大规模治理整顿矿业秩序。《通知》要求从文件下发之日起到2007年度，全面完成整顿和规范的各项任务。2009年12月开始，进行新一轮的矿权整合，到2010年底基本结束。这个可以看作是第四次全国大规模整顿矿业秩序。

整顿矿产资源开发秩序，其目的：一是解决矿山开采安全问题。有些矿主为了利益，不按照安全规范作业，如该支护的不支护，造成坍塌和伤亡等安全事故。二是解决环境破坏问题。有些矿山采矿，破坏了地质环境和生态环境，如由于采矿，形成千疮百孔的地表以及地质灾害、因缺水造成动植物大量死亡等，有些废水、废气、废渣乱堆积，造成环境严重污染。三是保护矿产资源产权主体的合法权益问题。无证勘查、取缔无证开采、越界开采、乱挖滥采、以采代探等。

8. 矿山地质环境保护与治理恢复

矿产资源勘查、开采等活动必然会造成矿区地面塌陷、地裂缝、崩塌、滑坡，以及含水层破坏、地形地貌景观破坏等，需要对矿山的地质环境进行预防和恢复治理。国务院于 1988 年 11 月 8 日出台了《土地复垦规定》，2011 年 3 月 5 日修改为《土地复垦条例》；自然资源部于 2009 年 3 月 2 日出台了《矿山地质环境保护规定》，2019 年 7 月 16 日进行了第三次修正。《矿山地质环境保护规定》对矿山地质环境保护与治理恢复进行了规范。

（1）编制矿山地质环境规划。

矿产地质环境规划的内容包括：矿山地质环境现状和发展趋势、矿山地质环境保护的指导思想、原则、目标、主要任务、重点工程和保障措施。

（2）编制矿山地质环境保护与土地复垦方案。

矿山地质环境保护与土地复垦方案的内容，包括矿区基础信息、矿山基本情况、矿山地质环境影响和土地损毁评估、环境治理与土地复垦可行性分析、环境治理与土地复垦工程、环境治理与土地复垦工作部署、经费估算与进度安排、保障措施与效益情况。

（3）明确矿山土地保护与土地复垦的责任人。

自然资源部和地方自然资源做了明确分工：自然资源部负责全国矿山地质环境的保护工作；县级管理部门以上自然资源厅（局）负责

本行政区的矿山地质环境保护工作。同时，国家鼓励企业、社会团体或者个人投资，对已关闭或者废弃矿山的地质环境进行治理恢复①。因开采矿产资源造成矿山地质环境破坏的，由采矿权人负责治理恢复，其费用列入生产成本。

在矿山关闭前，采矿权人应完成矿山地质环境保护与土地复垦义务。以槽探、坑探方式勘查矿产资源，探矿权人在矿产资源勘查活动结束后未申请采矿权的，应当采取相应的治理措施，将勘查活动遗留下来的钻孔、探井、探槽、巷道进行回填、封闭，对形成的危岩、危坡等进行治理恢复，消除安全隐患。

（4）征收矿山恢复治理基金。

为了保证采矿权人在采矿过程中合理开采矿产资源、保护矿山环境，在闭坑、停办、关闭矿山后做好矿山环境恢复治理、地质灾害防治等，《改革方案》以基金的方式筹集治理恢复资金。矿山恢复治理基金由矿山企业自主使用，依据其矿山地质环境保护与土地复垦方案确定的经费预算、工程实施计划、进度安排，统筹使用。

第三节　水资源监管

中国水资源的监管，一直围绕着治水、用水展开，在治理水患、解决水资源分布不均、利用水资源和节水等方面，做了大量工作，取得了显著成效。

一、水资源监管依据

自 1988 年第一部《中华人民共和国水法》和 1984 年《中华人民

---

① 矿山地质环境保护规定 ［EB/OL］. （2019 - 7 - 24）［2024 - 2 - 23］. https：//baike. so. com/doc/2140344 - 2264628. html.

共和国水污染防治法》出台以来，形成了以《中华人民共和国水法》（以下简称《水利法》）为中心的法律、行政法规、部门规章和规范性文件。

（一）水资源监管法律

水资源监管法律有《水法》《水污染防治法》《防洪法》《水土保持法》《长江保护法》《黄河保护法》。

（二）水资源监管行政法规

水资源监管行政法规包括以下几个方面：

1. 水管理

水管理的行政法规有《地下水管理条例》《城市供水条例》《水文条例》《农田水利条例》《南水北调工程供用水管理条例》《黄河水量调度条例》《水土保持法实施条例》。

2. 节约用水管理

节约用水管理方面的行政法规有：《节约用水条例》《城市节约用水管理规定》。

3. 流域及河道管理

流域及河道管理的行政法规有《河道管理条例》《长江河道采砂管理条例》《太湖流域管理条例》《淮河流域水污染防治暂行条例》。

4. 水利设施安全管理

水利设施安全管理行政法规有《水库大坝安全管理条例》《长江三峡水利枢纽安全保卫条例》《国务院办公厅转发国务院体改办关于水利工程管理体制改革实施意见的通知》。

5. 防汛抗旱管理

防汛抗旱管理方面的行政法规有《防汛条例》《抗旱条例》《关于加强蓄滞洪区建设与管理的若干意见》《蓄滞洪区运用补偿暂行办法》。

6. 其他

其他方面的行政法规有《长江三峡工程建设移民条例》《大中型水

利水电工程建设征地补偿和移民安置条例》《取水许可和水资源费征收管理条例》。

（三）水资源监管部门规章

水资源监管的部门规章主要有以下几类：

1. 河道及流域管理

河道及流域管理的部门规章有珠江河口管理、黄河河口管理，河道管理、入河排污口监管、水政监察等管理办法。

2. 水利工程及水利设施管理

水利工程及水利设施管理部门规章有水利工程建设论证、质量、安全、监理及建设单位管理、浮桥建设、基础设施和公用事业特许经营、占用农业灌溉水源、灌排工程设施补偿、水库大坝注册登记和水文监测环境和设施保护等管理办法。

3. 水管理

水管理部门规章有水行政许可的管理、水量调度管理、水土保持生态环境监测网络管理、水源保护区污染防治管理、河口管理、水效标识、水文站网管理等。

二、水资源监管体制

除了少数法律规定由集体所有的水塘等小型水域外，水资源为全民所有。水资源分为两部分：一部分是地下水，把它当作矿，由国家所有，另一部分是地表水，绝大部分由国家所有，水利部仅负责地表水，地下水按矿产进行管理，由自然资源部负责。水资源比较特殊，有跨行政区和不跨行政区的。跨省、直辖市甚至跨国界的大江、大河、大湖的水资源，由国家代表，由水利部负责水资源安全和管理，自然资源部负责确权登记。

（一）水资源监管机构

1. 水利部

水利部负有以下责任：

（1）全国水资源开发利用与保护规划的编制；

（2）全国水资源安全措施的制定；

（3）长江流域水资源的管理，由水利部长江委负责；淮河流域水资源的管理，由水利部淮河水利委员会负责；

（4）全国水资源自然保护地的管理；

（5）全国水利设施处置规则的制定与实施。

2. 省水利厅（局）

省水利厅（局）负有以下责任：

（1）省（区、市）级水资源的利用与保护规划编制；

（2）流域委员会委托省水利厅（局），实施水资源管理；省域其他江、河、湖的管理，跨地区水资源的管理；

（3）全国水资源安全措施、水资源规划、大江大河大湖管理措施的落实；

（4）省（区、市）级水资源自然保护地的管理；

（5）配合省自然资源厅（局）对本省（区、市）水资源进行确权登记；

（6）省级水利资产的处置。

3. 地级市水利局

地级市水利局负有以下责任：

（1）本辖区内水资源利用与保护规划的编制；

（2）跨省（区、市）流域水资源安全措施、水资源利用和保护规划和管理措施的落实；

（3）省级水资源规划、省级水资源管理措施的实施；

（4）本市范围内水资源自然保护地的管理；

（5）配合省（区、市）自然资源厅（局）对水资源进行确权登记；

（6）本市水利设施的处置。

（二）水资源监管权利

1. 水利部

（1）水资源开发利用政策；

（2）国与国之间的界河、国家管理的大江大河大湖的水资源管理；

（3）国家水资源收益管理；

（4）国家水利设施的处置。

2. 省水利厅（局）

（1）水利部委托省级水利厅的省域水资源的管理、跨地区水资源管理；

（2）省级取水许可证管理；

（3）省级水资源收益的管理；

（4）省级水利设施的处置；

（5）对省级水资源损害赔偿请求。

3. 地级市（区）水利局

（1）省水利厅（局）委托市（区）水利局的水资源管理；

（2）本市（区）取水许可证的管理；

（3）本市（区）水资源收益管理；

（4）本市（区）水利设施的处置。

（三）水资源监管方式

1. 河长湖长制

河湖监管是一项复杂的系统工程，涉及上下游、左右岸、不同行政区域和行业。2012 年，湖北省首先颁布了地方性的湖泊法规，设立"湖长制"。2016 年 12 月 11 日，中共中央办公厅、国务院办公厅印发了《关于全面推行河长制的意见》。2017 年 11 月 26 日，中共中央办公厅、国务院办公厅印发了《关于在湖泊实施湖长制的指导意见》。

（1）河长湖长制遵循原则。

建立河（湖）长制，必须遵循以下原则：

①坚持生态优先、绿色发展。

②坚持党政领导、部门联动。

③坚持因地制宜、一河（湖）一策。

④坚持强化监督、严格考核。

（2）管理体系与分工。

①组织形式。

河（湖）长制实行省、市、县、乡四级河（湖）长管理体系。

第一，省级层面，由各省（区、市）党委或政府主要负责同志担任总河长，由省级负责同志担任各省（区、市）行政区内主要河（湖）的河（湖）长；

第二，地级市、县、乡层面，各河（湖）所在地级市、县、乡负责同志担任分级分段的河（湖）长；

第三，县级及以上河（湖）长设置相应的河（湖）长办公室，具体组成由各地根据实际确定。

②职责分工。

第一，辖区内的河（湖）管理。各级河（湖）长负责组织领导辖区范围内河（湖）的监管工作，包括水资源保护、岸线管理、水污染防治、水环境治理等，牵头组织对侵占河道、围垦湖泊、超标排污、非法采砂、航道破坏、电毒炸鱼等突出问题依法进行清理整治，协调解决重大问题；

第二，跨行政区域河（湖）管理。对跨行政区域的河（湖）明晰管理责任，协调上下游、左右岸实行联防联控；

第三，对相关部门和下级河（湖）长的督导。对相关部门和下一级河（湖）长履职情况进行督导，对目标任务完成情况进行考核，强化激励与问责。

第四，河（湖）长办公室承担河（湖）长制组织实施具体工作，落实河（湖）长确定的事项。各有关部门和单位按照职责分工，协同推进各项工作。

（3）主要任务。

河（湖）长有六项任务：水资源保护、岸线管理、水污染防治、水环境治理、水生态修复和执法监管。

2. 水行政许可

水行政许可分国家级、省级和地市级。国家级水行政管理部门（水利部）拥有行政许可事项有 23 项、住房和城乡建设部和民政部各 1 项。①取水许可、河道采砂、围垦河道、河道内特定活动、农村修建水库、城市建设填堵水域、废除围堤、占用农业灌溉水源、灌排工程设施、利用堤顶、戗台兼做公路、蓄滞洪区避洪设施建设、大坝管理和保护范围内修建码头、鱼塘、生产建设项目水土保持方案、大中型水利水电工程移民安置规划审批；②项目初步设计文件、洪水影响评价类审批；③资质管理（水利工程建设监理单位资质认定、水利工程质量检测单位资质认定）、造价工程师（水利工程）注册、监理工程师（水利工程）注册、勘察设计注册工程师执业资格；④安全生产考核；⑤外国组织或个人在华从事水文活动、国家基本水文测站设立和调整、专用水文测站设立、撤销；⑥地名命名、更名审批。

第四节　森林、草原、湿地资源监管

一、森林、草原、湿地监管依据

（一）林草湿地监管法律

自 1984 年通过《中华人民共和国森林法》以后，形成了以《中华人民共和国森林法》（以下简称《森林法》）、《中华人民共和国草原法》（以下简称《草原法》）、《中华人民共和国湿地保护法》（以下简称《湿地保护法》）为中心的森林、草原和湿地监管法律法规体系。林草湿地监管法律有《森林法》《野生动物保护法》《湿地保护法》《草原法》《种子法》《动物防疫法》等。

（二）行政法规

1. 植物管理

植物管理的行政法规有《濒危野生动植物进出口管理条例》《野生植物保护条例》《植物检疫条例》《城市绿化条例》《退耕还林条例》《植物新品种保护条例》《森林防火条例》《国务院关于开展全民义务植树运动的实施办法》和《森林病虫害防治条例》。

2. 动物管理

动物管理的行政法规有《血吸虫病防治条例》《重大动物疫情应急条例》《陆生野生动物保护实施条例》。

3. 其他

《风景名胜区条例》。

（三）部门规章

1. 森林管理

森林管理方面的部门规章有：（1）林木品种审定、林木转基因工程活动审批、种子生产、良种推广使用、植物新品种保护、植物检疫、森林资源监督、林木种质资源与种子质量等管理办法（条例）；（2）建设项目使用林地管理；（3）松材线虫病疫木加工板材定点加工企业审批；（4）林业工作站、林木经营许可证、有害生物事件处置、引种试种苗圃资格认定管理；（5）林业行政许可听证、执法监督与处罚管理、林木林地权属争议处理等办法。

2. 湿地管理

《湿地保护管理规定》。

3. 动物管理

动物管理的部门规章有野生动物收容救护、野生动物及其制品价值评估、国家重点保护野生动物驯养繁殖、野生动植物进出口证书、陆生野生动物疫源疫病监测防控、引进陆生野生动物外来物种及大熊猫国内借展管理办法。

二、森林、草原、湿地监管体制

（一）森林、草原、湿地监管机构

天然林和生态林具有极高的生态服务价值，应予以严格保护；一般林木要通过采伐许可方式进行控制，并合理开发利用，以保护国有资源（盖宇静，2020）。

1. 国家林业和草原局

森林、草原、湿地资源监管机构主要是国家林业和草原局，其监管职责包括：

（1）森林资源。

①国有重点林区内的森林资源安全措施的制定；

②国有重点林区内的森林资源利用与保护规划的编制；

③国有重点林区的管理；

④跨省国有森林资源的管理；与省共管的国有林业资源的管理；

⑤对国家级森林资源进行确权登记；

⑥国家级森林自然保护地的管理；

⑦全国森林资源资产处置规则的制定与实施。

（2）草地资源。

①全国草地资源安全措施的制定；

②全国草地资源利用与保护规划的编制；

③全国性草地资源的管理；跨省区的草地资源的管理，与省共管的草地资源的管理；

④国有草地资源的恢复与治理；

⑤国有草地资源资产处置规则的制定与实施。

（3）湿地资源。

湿地是个综合体，内有土地、水、草和动植物资源，因此，不能把湿地单纯看作一般的土地。湿地资源开发利用有两种：一种是湿地资源的利用，这种利用方式更多地用于公益事业（作为生物多样性的动物栖息地，调节大气、净化水质、调节径流）；另一种是湿地产品（动植物及水资源等产品）的利用。因此，要保护生物多样性，发挥其过渡性调节功能。

①全国湿地资源安全措施的制定；

②全国湿地资源利用与保护规划的编制；

③全国湿地资源的管理、跨省区的湿地资源的管理；

④全国湿地自然保护地资源的管理；

⑤全国湿地资源资产处置规则的制定与实施。

2. 省林业和草业原局（省林业局）

省林业和草原局（省林业局）负有以下责任：

（1）森林资源。

①省（区、市）其他国有林区森林资源利用与保护规划的编制；

②全国国有森林资源宏观调控政策、全国国有森林资源规划的实施；

③国家林业和草原局委托省林业局的其他重点国有林区的管理；

④国家林业和草原局委托省级（自治区、直辖市）国有森林自然保护地的管理；

⑤配合自然资源部对国有森林资源进行确权登记；

⑥省（区、市）级国有林业资源资产的处置。

（2）草地资源。

省（区、市）的草地资源可分成天然草地和人工草地两种，天然草场集中在北方，南方大多为人工草场。

①省（区、市）草地资源规划的编制；

②全国国有草地安全措施、全国国有草地资源规划、全国国有草地资源管理措施的实施；

③国家林业和草原局委托的省林业局的跨市草地资源管理；

④国家林业和草原局委托省林业局的省国有草地资源的恢复与治理；

⑤配合自然资源部对辖区国有草地资源进行确权登记；

⑥省（区、市）级国有草地资源的处置。

（3）湿地资源。

①省（区、市）湿地资源的利用与保护规划编制；

②全国湿地安全措施、全国湿地资源规划、全国湿地资源管理措施的实施；

③国家林业和草原局委托的跨市湿地资源管理；

④配合自然资源部对湿地资源进行确权登记工作；

⑤国家林业和草原局委托的湿地的恢复与治理；

⑥省（区、市）级湿地资源资产的处置。

3. 地级市林业和草原局（市林业局）

地级市林业和草原局（市林业局）负有以下责任：

（1）森林资源。

①本市（区）范围内国有森林资源的利用与保护规划编制；

②全国国有森林资源的安全措施、全国国有森林资源规划的实施；

③国家林业和草原局委托市政府的本市（区）范围内国有森林资源的管理；

④配合自然资源部对国有森林资源进行确权登记；

⑤本市（区）及以下国有森林自然保护地的管理；

⑥本市国有森林资源资产的处置。

（2）草地资源。

①本市（区）草地资源的规划编制；

②全国草地安全措施、全国草地资源规划、全国草地资源管理措施的落实；

③国家林业和草原局委托本市（区）的草地资源的管理；

④国家林业和草原局委托本市（区）的国有草地的恢复与治理；

⑤配合省级林业局对本市（区）草原资源进行确权登记；

⑥本市（区）草地资源资产的处置。

（3）湿地资源。

①本市（区）内湿地资源来利用与保护规划的编制；

②全国湿地资源安全措施、全国湿地资源规划、全国湿地资源管理措施的实施；

③国家林业和草原局委托市林业局的湿地资源的管理，跨县（市）的湿地资源的管理；

④省级林业和草原局委托的市（区）级林业和草原局湿地自然保护地的管理；

⑤配合自然资源部对湿地资源进行确权登记；

⑥国家林业和草原局委托的湿地资源的恢复与治理；

⑦本市（区）湿地资源的处置。

（二）森林、草原、湿地监管权利

1. 国家林业和草原局

（1）关系国家安全和国家形象的森林、草原、湿地资源的管理、跨省域森林、草原、湿地资源的管理、与省共同管理的森林、草原、湿地资源管理；

（2）许可证的管理（森林采伐许可证）；

（3）国家级森林、草原、湿地资源资产的处置，如合并、入股、变卖、抵押，委托专业机构经营等；

（4）森林、草原、湿地和资源的收益管理（收入和支出管理）。

2. 省林业和草原局（省林业局）

（1）国家林业和草原局委托省林业厅（局）的跨地区森林、湿地、草原管理；

（2）省级林木采伐许可证管理；

（3）省级自然资源资产收益的管理；

（4）国家林业和草原局委托省林业厅（局）的省级林草资源资产的处置；

（5）对省级森林、湿地、草原造成损失赔偿请求。

3. 地市（区）林业和草原局（市林业局）

（1）国家林业和草原局委托市（区）林业和草原局的森林、湿地、草原资源的管理；

（2）本市（区）林木采伐许可证管理；

（3）本市（区）森林、湿地、草原资源的收益管理；

（4）本市（区）森林、湿地、草原资源资产的处置；

（5）对本市（区）森林、湿地、草原资源造成损失赔偿请求。

（三）监管方式

1. 草原保护修复

2020 年，国务院办公厅印发了《关于加强草原保护修复的若干意见》（国办发〔2021〕7 号），提出分阶段草原保护修复目标。（1）2025 年的目标。草原保护修复制度体系基本建立，草畜矛盾明显缓解，草原退化趋势得到根本遏制，综合植被盖度稳定在 57% 左右，生态状况持续改善。（2）2035 年的目标。草原保护修复制度体系更加完善，基本实现草畜平衡，退化草原得到有效治理和修复，综合植被盖度稳定在 60% 左右，生态功能和生产功能显著提升，在美丽中国建设中的作用彰显。（3）2050 年的目标。退化草原得到全面治理和修复，草原生态系统实现良性循环，形成人与自然和谐共生的新格局。

《关于加强草原保护修复的若干意见》提出了 12 条措施：（1）建立草原调查体系；（2）健全草原监测评价体系；（3）编制草原保护修复利用规划；（4）加大草原保护力度；（5）完善草原自然保护地体系；（6）加快推进草原生态修复；（7）统筹推进林草生态治理；（8）大力

发展草种业；（9）合理利用草原资源；（10）完善草原承包经营制度；
(11) 稳妥推进国有草原资源有偿使用制度改革；（12）推动草原地区
绿色发展。

2. 湿地保护

湿地与森林、海洋并称为地球上三大生态系统，被誉为"地球之肾""物种宝库"和"储碳库"，在抵御洪水、调节气候、涵养水源、降解污染物、应对气候变化、维护全球碳循环和保护生物多样性等方面，发挥着不可替代的重要作用。

2022 年 10 月 13 日，国家林业和草原局与自然资源部印发《全国湿地保护规划（2022—2030 年)》，提出了两个阶段的目标、"三区四带"国家生态保护修复格局和六项重点任务。

两个阶段的目标是指：

（1）2022～2025 年目标。全国湿地保有量总体稳定，湿地保护率达到 55%，科学修复退化湿地，红树林规模增加、质量提升，健全湿地保护法规制度体系，提升湿地监测监管能力水平，提高湿地生态系统质量和稳定性。新增国际重要湿地 20 处、国家重要湿地 50 处。

（2）2026～2030 年目标。湿地保护高质量发展新格局初步建立，湿地生态系统功能和生物多样性明显改善，湿地生态系统综合服务功能增强、固碳能力得到提高，湿地保护法治化水平持续提升，使中国成为全球湿地保护修复的重要参与者、贡献者和引领者。

"三区四带"是指：

（1）青藏高原生态屏障区；

（2）黄河重点生态区；

（3）长江重点生态区；

（4）东北森林带；

（5）北方防沙带；

（6）南方丘陵山地带；

（7）海岸带。

六项重点任务是指：

（1）实行湿地面积总量管控；

（2）落实湿地分级管理体系；

（3）实施保护修复工程；

（4）强化湿地资源监测监管；

（5）加强科技支撑；

（6）深度参与湿地保护国际事务。

3. 森林防火减灾

森林火灾是造成森林破坏的重要因素。为加强森林防火，各地创造了丰富的森林防火减灾模式。

湖北省森林防火的"六个聚焦"模式：聚焦压实责任链条、聚焦加强火源管控、聚焦抓实宣传教育、聚焦推进体系建设（专业队伍、半专业和义务扑火队相结合的扑火体系、"省－市－县"三级物资储备库体系、高火险区配备"一车两机"系统、森林火灾预防及处置指挥调度系统）、聚焦深化联防联控、聚焦抓好应急准备。

福建南平应用"1＋1＋N"防火新模式：第一个"1"是指1名通信骨干，第二个"1"是指1名地面巡护员，"N"是指N名移动终端指挥员。通过对林下环境进行深入评估，以徒步行进方式穿越山林，到达各自网格区域后，采取"无人机＋地面巡护"的方式对网格区域进行踏查。无人机在60米高空进行40%的影像重叠拍摄，力求高精度还原网格区域内地貌，地面人员配合无人机影像对植被覆盖度较高的地点进行实地探查，同时根据无人机巡查情况进行人员动态调配，确保遇有情况能够快速到位，妥善处置。

河南郑州惠济区"空天地人"森防体系：（1）利用防火无人机在重点林区上空巡护，开展森林火情实时监测，辅助指挥调度。利用无人机播放森林防火宣传语音，结合悬挂宣传条幅、发放宣传彩页、固定宣传牌等多种方式开展森林防灭火宣传工作。（2）在林区高空设置森林防火视频监控，地下建设森林防火应急储水罐。在重点区域设有监控云台，通过可见光摄像头和红外热成像技术，自动识别烟雾、热点，进行火情报警。邛岭区域建成 15 处储量 10 吨的储水罐，满足半径 2 公里内的消防用水，手机 App 还可远程监测水位余量。

4. 动植物保护

除了严格执行《野生动物保护法》《森林法》《草原法》《动物防疫法》《种子法》及配套法规外，国家林业和草原局和农业部还公布了《国家重点保护野生动物名录》、6 批"中华人民共和国植物新品种保护名录（林业部分）"、2 批"中华人民共和国主要林木目录"、1 批"陆生野生动物重要栖息地名录"（2023 年）、"有重要生态、科学、社会价值的陆生野生动物名录"。

第五节　海洋资源监管

一、海洋资源监管依据

（一）法律

海洋资源监管的法律相对较多，一方面，海洋资源是多种要素组成的，涉及到多种要素的监管，另一方面，海洋是国土的一部分，涉及到国土边界，地位也比较高。海洋资源监管主要涉及到以下的法律。《海域使用管理法》《深海海底区域资源勘探开发法》《海洋环境保护法》《海岛保护法》《领海及毗连区法》《海上交通安全法》《渔业法》。

（二）行政性法规

海洋资源监管的行政性法规有《对外合作开采海洋石油资源条例》《防治海岸工程建设项目污染损害海洋环境管理条例》《防治船舶污染

海洋环境管理条例》《防治陆源污染物污染损害海洋环境管理条例》《海上交通事故调查处理条例》《铺设海底电缆管道管理规定》《防止拆船污染环境管理条例》《航道管理条例》《海洋石油勘探开发环境保护管理条例》《对外合作开采海洋石油资源条例》。

（三）部门规章

海洋资源监管的部门规章有《海洋倾废管理条例实施办法》《船舶及其有关作业活动污染海洋环境防治管理规定》《海洋石油勘探开发环境保护管理条例实施办法》《渔业捕捞许可管理规定》《海洋观测站点管理办法》《海洋观测资料管理办法》。

（四）规范性文件

海洋资源监管的规范性文件有：（1）海域使用管理；（2）海底资源勘查开发管理；（3）海洋工程管理；（4）海岛及开发管理；（5）海上能源开发管理；（6）海洋生态环境保护；（7）海洋督察员管理；（8）海洋调查船队管理等。

（五）部门其他文件

《海域使用论证管理规定》《围填海管控办法》。

二、海洋资源监管体制

（一）海洋资源监管机构

1. 国家层面

（1）自然资源部。

国家对海洋的监管机构，国家层面的主要有自然资源部[①]，其职责

[①]　自然资源部职能配置、内设机构和人员编制规定［N］. 中国自然资源报，2018－9－12.

包括：

①制定海域使用及海岛利用规划；

②制定海域使用和海岛保护利用政策与技术规范；

③开展相关海洋权益维护工作，参与资源勘探开发争议、岛屿争端、海域划界等谈判与磋商；

④指导极地、公海和国际海底相关事务；

⑤承担海洋资源领域涉外行政许可的审批。

具体由海洋战略规划与经济司、海域海岛管理司、海洋预警监测司、国际合作司（海洋权益司）来承担各自的职责。

（2）交通运输部。

中华人民共和国海事局（交通运输部海事局）的主要职责：

①履行水上交通安全监督管理；

②船舶及相关水上设施检验；

③登记、防治船舶污染；

④航海保障。

（3）农业农村部。

农业农村部渔业渔政管理局的主要职责：

①负责起草（海洋）渔业发展政策、规划；

②保护和合理开发利用海洋渔业资源；

③指导海水产健康养殖和海水产品加工流通；

④组织海水生动植物病害防控；

⑤承担重大涉外渔事纠纷处理工作；

⑥维护国家海洋和淡水管辖水域渔业权益；

⑦组织渔业水域生态环境及水生野生动植物保护；

⑧监督执行国际渔业条约，监督管理远洋渔业和渔政渔港；

⑨指导渔业安全生产。

（4）生态环境部。

生态环境部海洋生态环境司的职责：

①负责全国海洋生态环境监管工作；

②监督陆源污染物排海；

③负责防治海岸和海洋工程建设项目；

④海洋油气勘探开发和废弃物海洋倾倒对海洋污染损害的生态环境保护工作，组织划定海洋倾倒区。

2. 省级层面

（1）自然资源厅（局）。

①省级海域及海岛利用规划的编制；

②省域海域及海岛利用规划的实施；

③落实国家海域使用和海岛保护利用政策；

④省域沿海及海岛的恢复与治理；

⑤海洋资源收益管理；

⑥海洋资源资产的处置。

具体由沿海各省（市）的自然资源厅（局）海域海岛管理处、海洋权益处、海洋生态环境、自然资源调查监测处负责监管。

（2）省级海洋与渔业局。

①全省海洋与渔业经济中长期发展规划编制；

②指导海水产技术推广体系建设；

③参与处理远洋渔业涉外事务；

④渔业污染事故调查鉴定及渔业资源损失评估；

⑤指导开展对海洋平面、海水入侵和海岸侵蚀灾害的调查、监测与评价；

⑥组织编制并实施台风、风暴潮、海浪、海啸等海洋与渔业灾害应急预案，并根据防御海洋灾害的需要，建议适时启动相应的台风风暴潮、海浪、海啸等海洋灾害应急预案；

⑦组织开展对外（含省域以外）海洋与渔业交流与合作。

3. 地级市层面

地市、县自然资源局、生态环境局、沿海各地级市渔业与海洋局，分别负责所辖范围内的海洋资源的监管。

（1）地级市自然资源与规划局。

①辖区海域及海岛利用规划的编制；

②省海域及海岛利用规划的落实；

③辖区海域使用和海岛保护利用的监管；

④辖区沿海及海岛的恢复与治理；

⑤辖区海洋资源收益管理；

⑥辖区海洋资源资产的处置。

（2）地级市海洋与渔业局。

①辖区海洋与渔业经济中长期发展规划编制；

②全省海洋与渔业经济中长期发展规划的落实；

③行政许可，包括制造、改造渔业船舶设计图纸、技术文件审批、渔业船网工具指标的审批、渔业捕捞许可证核发、渔业捕捞许可证核发、渔业船员证书签发、渔业船舶检验、渔业船舶船用产品检验；

④行政确认，包括渔业船舶转移确认；

⑤行政处罚，包括：海洋动植物、船舶使用、报废、外国人使用渔船进入中国海域、滩涂养殖、海上交通规则等不按规定或伪造等的处罚；

⑥行政强制：采用暂扣、查封、扣押、禁止、强制性处置措施、代为治理水污染、强制拆解等措施，对违规行为进行行政强制；

⑦行政征收：渔业资源增殖保护费的征收；

⑧行政监督：通过监督检查、安全抽查、法律、法规的执行情况的监督来实现。

（二）海洋监管权力

1. 国家层面的权力

（1）自然资源部。

①海洋使用行政许可；

②海洋使用监督管理，包括：海域使用监督管理、海岛保护与开

发利用监督管理、海洋环境监测、保护监督管理、海洋预报减灾监督管理、海上交通管理；

③国际合作与国际纠纷处理；

④海上运输、渔船及海员管理；

⑤海洋资源资产收益管理；

⑥海洋资源资产的处置。

（2）国家海事局系统。

①海事行政许可。

海事行政许可包括：国际航行船舶进出口岸的审批、船舶国籍证书的核发、国际船舶保安证书的核发、外国籍船舶进入或临时进入非对外开放水域的许可、外国籍船舶或飞机从事海上搜救的审批；船舶安全检验证书的核发、载运危险货物和污染危害性货物进出港口的审批、船舶油污损害民事责任保险证书或者财务保证证书的核发、船舶进行散装液体污染危害性货物水上过驳作业的审批、沿海水域划定禁航区和安全作业区的审批、航运公司安全营运与防污染能力符合证明的核发；船舶进入或穿越禁航区的许可、通航水域岸线安全使用和水上水下活动的许可、大型设施、移动式平台、超限物体水上拖带的审批、专用航标的设置、撤除、位移和其他状况改变的审批；海员证的核发、船员适任证书的核发、从事海员外派业务的审批、培训机构从事船员、引航员培训业务的审批；打捞或者拆除沿海水域内沉船沉物的审批；设立验船机构的审批。

②海事行政确认。

海事行政确认包括：船舶名称核准、船舶国籍登记、船舶所有权、抵押权、租赁登记、船舶烟囱标志、公司旗登记、废钢船登记、船舶识别号使用核准、船舶名称核准、船舶建造重要日期确认、船舶最低安全配员证书核发、高速客船操作安全证书核发、残骸清除责任保险或其他财务保证证书签发。

③海事行政备案。

海事行政备案包括：内河通航水域安全作业备案、船舶在港区水域内安全作业备案、船舶载运固体散装货物（危险货物除外）的适装报告、船舶污染物的接收和处理情况备案、港口、码头、装卸站及与船舶有关作业单位防治船舶及其有关作业活动污染海洋环境应急预案备案、游艇俱乐部备案、船舶油料供受作业单位备案、海船船员体检机构及主检医师报告、船舶进出港报告、船舶防污染作业报告。

④海事行政征收。

海事行政征收包括港口建设费征收、船舶油污损害赔偿基金征收、考试考务费征收。

⑤海事行政检查。

海事行政检查包括船舶监督行政检查、海事规费行政检查、船员管理行政检查、通航管理行政检查、防污染行政检查、航运公司与船检、引航机构行政检查。

⑥海事行政处罚。

海事行政处罚包括：对违反海上安全营运管理秩序的处罚、对违反海上船舶、海上设施检验和登记管理秩序的处罚、对违反海上船员管理秩序的处罚、对违反海上航行、停泊和作业管理秩序的处罚、对违反海上危险货物载运安全监督管理秩序的处罚、对违反海上海难救助管理秩序的处罚、对违反海上打捞管理秩序的处罚、对违反海上船舶污染沿海水域环境管理秩序的处罚、对违反海上交通事故调查处理秩序的处罚。

⑦海事行政强制。

海事行政强制包括查封、扣押不符合保障安全生产的国家标准或者行业标准的设施、设备、器材、强制打捞、强制报废等。

2. 省级层面的权利

（1）省自然资源厅（局）。

①国家委托的辖区海域的使用权（含海洋工程、军事用地、海洋运输、矿产资源）的审批；

②辖区海域使用许可证管理；

③辖区海域、海岛使用的监督检查与处罚权；

④辖区海域使用收益管理；

⑤辖区海域资源资产处置。

（2）省级海洋与渔业局。

①渔业捕捞许可证核发；

②海域使用监督检查权；

③海岛及周边海域生态系统保护情况的监督检查；

④渔业船舶设计、制造、改造以及检修、检测服务机构的监督检查；

⑤渔业养殖生产中使用药物、饲料和添加剂的监督检查；

⑥外国人、外国渔船擅自进入中华人民共和国管辖水域，开展渔业生产和渔业资源调查活动的处罚权。

3. 地级市层面的权利

地市（区）自然资源与规划局有以下权利。

①辖区海域使用许可证管理；

②辖区内海域使用监督检查权；

③海域使用的处罚权；

④海域资源使用收益管理；

⑤辖区海域使用资产处置权。

（三）海洋监管方式

1. 海域使用分类管理

海洋有不同的用途，根据用海方式的不同，海洋可分为：渔业用海（如海洋、滩涂养殖和海洋捕捞）、工业用海（如海底矿产开发与海水资源利用）、交通运输用海、旅游娱乐用海［如海上（海边）娱乐旅游］、海底工程用海、排污倾倒用海、造地工程用海和特殊用海等。

2023 年 11 月 20 日自然资源部颁发《自然资源部关于探索推进海域立体分层设权工作的通知》指出，海域空间是个立体的概念，包括内水、领海的水面、水体、海床和底土，不同的海域，具有不同的功能，但现行的海域管理制度体系是"平面"的概念，主要是基于海域"平面"进行管理，同一海域空间范围内仅设置一个海域使用权，海域空间资源的立体性和多功能性未得到有效发挥，部分区域的空间资源浪费较为严重。为了充分发挥海域资源使用的经济效益，缓解行业用海矛盾，有必要尽快探索开展海域立体分层设权，逐步完善海域资源产权制度。

2. 许可管理

颁发海域使用权证书；在无居民海岛采集生物和非生物样本的许可、无居民海岛开发利用申请的审核、组织开展海域海岛监视监测和评估；向国际组织、外国的组织或个人提供海洋观测资料和成果许可、设立和调整海洋观测站（点）备案；进入海洋自然保护区从事相关活动许可、填海项目竣工验收；海上施工作业许可、国际航行船舶进出口岸审批、国际海运及辅助业务备案；深海海底区域资源勘探开发许可证；渔业捕捞许可、水域滩涂养殖证。

3. 海洋环境监管

海洋环境的监管主要体现以下几个方面：

（1）加强法律、法规和部门规章的完善。一是加强对海洋倾废的管理，防止随意倾倒海洋垃圾；二是防止陆源污染物污染损害海洋环境，加强陆源污染物的处理，防止陆源污染物通过河流等渠道进入海洋；三是制定海水养殖技术规范，加强海水养殖环境监测；四是加强生产作业管理，包括加强拆船作业、勘探开发作业、工程建设作业的管理，防止生产作业成为海洋环境的污染源；五是加强海洋垃圾监测与评价，制定监测与评价技术规范。

（2）加强海洋生态环境监测。生态环境部海洋生态环境司负责以下工作：①全国海洋生态环境监管工作；②监督陆源污染物排海；③负责防治海岸和海洋工程建设项目、海洋油气勘探开发和废弃物海洋倾倒对海洋污染损害的生态环境保护工作；④组织划定海洋倾倒区。

（3）加强环评管理。

4. 海洋伏季休渔制度

伏季休渔，是经国务院批准、渔业行政主管部门组织实施的渔业资源保护制度。从 1995 年起，每年的伏季，先后在渤海、黄海、东海、南海停止渔业捕捞作业，又称伏季休渔。中国政府渔业行政主管部门把伏季休渔制度交给沿海各省（区、市）渔业行政主管部门根据本辖区的实际具体组织实施。伏季休渔制度覆盖沿海 11 个省（区、市）和香港、澳门特别行政区。伏季休渔对象，除钓具外的所有作业类型，以及为捕捞渔船配套服务的捕捞辅助船。

渔业资源是一种可再生资源，但过度捕捞会造成渔业资源的枯竭，俗称"竭泽而渔"。20 世纪 80 年代中期至 90 年代中期，中国海洋捕捞渔业迅速发展，导致了过度投资、渔业种群枯竭、渔获质量下降、渔业资源利用冲突加剧等问题，渔业资源的可持续利用严重受到制约。因此，为了保护南海渔业资源和渔民的长远利益，国家出台了伏季休渔制度，是弥补市场不足的重要举措。

从实际执行的效果来看，经过 30 年伏季休渔制度的实施，对缓解渔业资源基础薄弱和过度捕捞矛盾以及实现渔业资源的可持续利用起到积极作用。

5. 海洋生态与海域修复

海洋生态是个大系统，由于过度捕捞、气候变化和海洋环境污染，海洋生态系统遭到破坏，海洋生物的多样性丧失，因此，需要通过减少捕捞和环境治理，逐步恢复海洋生态的功能。

由于海水冲刷，海岸线和海岛遭到侵蚀，需要通过人为工程，对沿岸海洋环境或海岛海洋环境进行修复。

第七章　保护地监管

　　根据自然生态系统的原真性、整体性、系统性及其内在规律，按照生态价值和保护强度从高到低的顺序，中国的保护地分为三类：国家公园、自然保护区、自然公园。国务院《关于建立以国家公园为主体的自然保护地体系的指导意见》指出，到2035年，自然保护地占陆域国土面积18%以上。

　　自然保护地内部分区实行分类分区管理。（1）国家公园内部分成两区：核心保护区和一般控制区。核心保护区是指核心资源集中分布，或者生态脆弱需要休养生息的区域；国家公园核心保护区以外的区域划为一般控制区。核心保护区原则上禁止人类活动，而一般控制区是指限制人类活动，但禁止开发性、生产性建设活动。（2）自然保护区一般分成为两级：国家级自然保护区和地方级自然保护区。自然保护区内部，一般分为核心保护区和一般控制区，核心保护区是自然保护区内保存完好的处于天然状态的生态系统以及珍稀、濒危动植物的集中分布地。核心保护区除满足国家特殊战略需要的有关活动外，原则上禁止人为活动。一般控制区除满足国家特殊战略需要的有关活动外，禁止开发性、生产性建设活动。（3）自然公园分为两级：国家级自然公园和地方级自然公园，按一般控制区管理。自然公园根据资源禀赋、功能定位和利用强度，可以规划为生态保育区和合理利用区，实行分区管理。

　　由于自然保护地的三种类型（国家公园、自然保护区、自然公园）

都归林业和草原局系统管理，因此，本章的监管依据和监管体制统一按保护地介绍。

第一节　自然保护地监管依据

1. 行政性法规

自然保护地的行政法规有《自然保护区条例》《森林和野生动物类型自然保护区管理办法》。

《自然保护区条例》对保护区的设立、保护区类型的划分、保护区内部的分区、保护区日常管理（核心保护区和一般控制区）、保护区管理机构的职责以及法律责任做了详细的规定。

2. 规范性文件

保护地监管的规范性文件有《国家级自然公园管理办法（试行）》《国家沙漠公园管理办法》《国家级森林公园监督检查办法》《国家级森林公园总体规划审批管理办法》《在国家级自然保护区修筑设施审批管理暂行办法》《在国家沙化土地封禁保护区范围内进行修建铁路、公路等建设活动监督管理办法》《国家级海洋保护区规范化建设与管理指南》。

2023年10月出台的《国家级自然公园管理办法（试行）》，提出了国家级自然公园的监管体系包括建立七项制度：审批制度（设立、调整、撤销的审批）、专家评审和咨询制度（设立、调整、撤销的评审）、功能分区制度（公园内的分区管理）、开发活动管控制度（活动允许与禁止）、公园内活动和设施建设征求意见制度（规定征求意见对象）、退出制度（公园撤销的情况）、监督检查制度（监督要求）。

3. 政府文件

政府文件包括《世界地质公园管理办法》和《国家公园管理暂行

办法》。《国家公园管理暂行办法》规定了规划建设、保护管理、公众服务、监督执法等内容。另外，《国家公园管理暂行办法》规定，依据国土空间规划和国家公园设立标准，编制《"十四五"林业草原保护发展规划纲要》和《以国家公园为主体的自然保护地体系发展规划》（2021—2035），在各国家公园管理机构，编制各自的国家公园规划（如《三江源国家公园总体规划》），阐明规划编制的指导思想，公园的边界范围、公园与外部的关系、公园布局、管理体系、保障措施和监管平台、支撑平台、体验平台等。

除此之外，国家公园内有林、草、土地、水、湿地、海洋、野生动植物等资源，需要遵循国家对林、草、土地、水、湿地、海洋、野生动植物的管理及法律规定，包括《水法》《土地管理法》《森林法》《草原法》《湿地保护法》《野生动植物保护法》《海域使用管理法》《海洋环境保护法》及规章制度。

第二节 自然保护地监管体制

一、自然保护地监管机构

1. 国家公园

国家公园的管理，分国家层面和国家公园日常管理层面。国家层面的监管机构是国家林业和草原局（国家公园管理局），全国性国家公园的监督管理工作，由国家林业和草原局（国家公园管理局）负责。国家公园日常管理层面是国家公园管理机构。国家公园自然资源管理、生态保护修复、社会参与管理、科普宣教等工作，由各国家公园管理机构负责。

2. 自然保护区

自然保护区的管理分三级：国家级、省级和自然保护地管理机构。国家级自然保护区的监管机构是国家林业和草原局，省级自然保护地的监管机构是省林业和草原局（省林业局），自然保护地的日常管理是自然保护地管理机构。

3. 自然公园

自然公园的管理分三级：（1）全国性的国家及以上级自然公园，由国家林业和草原局负责；（2）各行政区域内的国家级自然公园和省级自然公园，由省级人民政府林业和草原主管部门负责监督管理；（3）自然公园日常管理工作，由自然公园管理单位负责。

世界地质公园的管理机构由四个部分组成。（1）全国性的世界地质公园的组织协调、监督管理和业务指导等工作，由国家林业和草原局负责，并作为国家业务主管部门与联合国教科文组织等国际组织联络。（2）区域性世界地质公园的组织协调、监督管理和业务指导，由县级以上地方林业和草原主管部门负责。（3）世界地质公园的日常管理，由各世界地质公园管理机构负责。（4）世界地质公园网络的相关活动，由国家地质公园网络中心负责。

二、自然保护地监管责任

（一）国家林业和草原局

自然保护地是一种特殊的综合体，是土地、水、草、森林、湿地、海洋、动植物等几种要素组合形成的具有独特性质的，以保护为主要目的一定区域。自然保护地保护和维护生物多样性、自然及文化资源，可分成国家及以上级、省级和市级。国家林业和草原局负责国家及以上级自然保护地的监管。包括：

（1）国家及以上级自然保护地安全措施的制定；

（2）国家及以上级自然保护地利用与保护规划编制；

（3）国家及以上级自然保护地的管理；

（4）跨省域自然保护地的管理、与省共同管理的自然保护地的管理；

（5）国家及以上级自然保护地资产的处置规则制定与实施。

（二）省林业和草原局（省林业局）

（1）省（区、市）级自然保护地利用与保护规划的制定；

（2）国家及以上自然保护地的安全措施、国家及以上自然保护地规划、省（区、市）级自然保护地的管理措施的落实；

（3）国家林业和草原局委托省（区、市）林业局的省级自然保护地的管理；

（4）配合自然资源部对委托省（区、市）林业局的省级自然保护地进行确权登记工作；

（5）省（区、市）级自然保护地资产的处置。

（三）地级市林业和草原局（地级市林草局）

（1）本市（区）及以下自然保护地利用和保护规划的编制；

（2）国家自然保护地安全措施、国家自然保护地规划、国家自然保护地管理措施的落实；

（3）省林业局委托市（区）林业局的市级自然保护地的管理；

（4）配合自然资源部对自然保护地的确权登记；

（5）本市（区）自然保护地资产的处置。

三、保护地监管权利

（一）国家林业和草原局

（1）关系国家安全和国家形象的国家及以上级自然保护地资源的管

理、跨省域自然保护地资源资产的管理、与省共同管理的自然保护地资源管理；

（2）国家及以上级自然保护地的修复与恢复；

（3）国家及以上级自然保护地资源资产的处置，如合并、入股、变卖、抵押，委托专业机构经营等；

（4）国家及以上级自然保护地资源的收益管理（收入和支出管理）。

（二）省林业和草业局（省林业局）

（1）国家林业和草原局委托省林业厅（局）的省级自然保护地的管理；

（2）省级自然保护地的修复与恢复；

（3）省级自然保护地资源收益的管理；

（4）国家林业和草原局委托省林业厅（局）的省级自然保护地资产的处置；

（5）对省级自然保护地造成损失赔偿请求。

（三）地级市（区）林业和草原局（地级市林业局）

（1）国家林业和草原局委托市（区）自然资源与规划局的保护地管理；

（2）省级林业局委托市（区）林业局的地级市及以下自然保护地管理；

（3）本市（区）自然保护地的修复与恢复；

（4）本市（区）自然保护地的收益管理；

（5）本市（区）自然保护地资产的处置；

（6）对本市（区）自然保护地造成损失赔偿请求。

第三节　国家公园监管

一、国家公园概述

1. 国家公园的含义

2019 年 6 月，中共中央办公厅、国务院办公厅颁发了《关于建立以国家公园为主体的自然保护地体系的指导意见》。该文明确指出，国家公园是由国家批准设立并主导管理，以保护具有国家代表性的自然生态系统的特定陆域或海域，其主要目的是实现自然资源的科学保护和合理利用。国家公园是中国自然生态系统中最重要、自然景观最独特、自然遗产最精华、生物多样性最富集的部分，具有保护范围大、生态过程完整、全球价值、国家象征和国民认同度高等特点。

2. 设立国家公园的性质和功能

（1）性质。

国家公园是中国自然保护地中最重要类型之一，属于全国主体功能区规划中的禁止开发区，国家公园纳入生态保护红线的区域管控范围，实行的是最严格的保护制度①。

（2）功能。

国家公园的首要功能是重要自然生态系统的原真性、完整性保护，同时兼具科研、教育、游憩等综合功能。

3. 国家公园的设立标准

（1）自然生态系统和自然遗产具有国家代表性、典型性；

---

① 中共中央办公厅 国务院办公厅印发《关于建立以国家公园为主体的自然保护地体系的指导意见》［EB/OL］.（2019－6－26）［2024－6－12］. https：//www. gov. cn/gongbao/content/2019/content_5407657. htm.

（2）面积上维护生物多样性和生态安全，促进人与自然和谐共生；

（3）确保全民所有的自然资源资产占主体地位；

（4）管理上具有可行性。

已经设立的五个国家公园是三江源国家公园、大熊猫国家公园、东北虎豹国家公园、海南热带雨林国家公园和武夷山国家公园。

4. 国家公园的设立流程

国家公园的设立流程是：省级自然资源管理部门提出申请——国家林业和草原局（国家公园局）受理——国家专家论证——国家公园审批。

5. 国家公园的建设理念

国家公园的建设理念有三个：一是维护生物多样性和安全性；二是国家代表性；三是全民公益性。

二、国家公园的监管机制

国家公园的监管机制包括局——省联席会议机制、日常工作协作机制、咨询机制相结合的综合监管体制。（1）联席会议机制。联席会议机制是国家林业和草原局（国家公园管理局）同省级人民政府建立的，统筹协调国家公园保护管理工作。（2）日常工作协作机制。日常工作协作机制是省级林业和草原局、国家公园管理机构和国家公园所在地的市、县级人民政府共同建立。（3）咨询机制。咨询机制是国家林业和草原局（国家公园管理局）、国家公园管理机构同专家学者、企事业单位、社会组织、社会公众等共同建立的。

国家公园管理机构（具体的国家公园管理局）负责国家公园的日常管理，包括公园内自然资源管理、生态保护修复、社会参与管理、科普宣教等工作，以及国家公园建设管理资金预算编制、执行，严格依法依规使用各类资金，加强各类资金统筹使用，落实预算绩效管理，提升资金使用效益。国家公园管理机构是管理的重心、国家公园管理局负责全国国家公园的监督管理。

第四节　自然保护区监管

一、自然保护区概述

1. 自然保护区

自然保护区是指保护典型的自然生态系统、珍稀濒危野生动植物种的天然集中分布区、有特殊意义的自然遗迹的区域，其特点是面积较大、确保主要保护对象安全、维持和恢复珍稀濒危野生动植物种群数量及赖以生存的栖息环境。

2. 自然保护区的设立标准

（1）典型性。自然保护区是典型的自然地理区域、有代表性的自然生态系统区域、虽遭受破坏但经保护能够恢复的自然生态系统区域；

（2）集中分布。自然保护区是珍稀、濒危野生动植物物种的天然集中分布区域；

（3）特殊保护价值。自然保护区内的海域、海岸、岛屿、湿地、内陆水域、森林、草原和荒漠等，应具有特殊保护价值；

（4）重大科学文化价值。自然保护区内的地质构造、著名溶洞、化石分布区、冰川、火山、温泉等自然遗迹，具有重大科学文化价值；

（5）需要特殊保护。自然保护区是经国务院或者省、自治区、直辖市人民政府批准，需要予以特殊保护的其他自然区域。

3. 自然保护区内部功能区划

自然保护区一般分成两个区：核心保护区和一般控制区。

（1）核心保护区。

根据《自然资源部 国家林业和草原局关于做好自然保护区范围及

功能分区优化调整前期有关工作的函》（自然资函〔2020〕71号，以下简称"71号文"），核心保护区与需要保护的核心区域。保护区的核心区与原来的自然保护区的核心区和缓冲区的管控要求基本接近，可以将自然保护区原有核心区和缓冲区转为核心保护区，将原有实验区转为一般控制区。

除满足国家特殊战略需要的有关活动外，核心保护区原则上禁止人为活动，但允许已依法设立的铀矿矿业权勘查开采和已依法设立的油气探矿权勘查活动。对于已依法设立的矿泉水、地热采矿权，在不扩大生产规模、不新增生产设施的前提下，到期后有序退出；其他矿业权均停止勘查开采活动。

（2）一般控制区。

除满足国家特殊战略需要的有关活动外，原则上禁止开发性、生产性建设活动，但仅允许对生态功能不造成破坏的有限的人为活动。这些活动包括：①战略性矿产资源基础地质调查和矿产远景调查等公益性工作；②在不扩大生产区域范围条件下，已经依法设立的油气采矿权可以继续开采；③在不扩大生产规模、不新增生产设施的条件下，矿泉水、地热采矿权继续开采。其他矿业权一律停止勘查开采活动。

4. 保护区类型

（1）综合自然生态系统类型保护区。例如，长白山自然保护区（以保护温带山地生态系统及自然景观为主）和云南西双版纳自然保护区（以保护热带自然生态系统为主）。

（2）珍贵动物资源类型保护区。例如，黑龙江扎龙和吉林向海等自然保护区（以保护丹顶鹤为主）和四川铁布自然保护区（以保护梅花鹿为主）。

（3）珍稀孑遗植物及特有植被类型保护区。例如，如广西花坪自然保护区（以保护银杉和亚热带常绿阔叶林为主）、黑龙江丰林自然保护区及凉水自然保护区（以保护红松林为主）和福建万木林自然保护区（以保护亚热带常绿阔叶林为主）。

（4）自然风景类型自然保护区。如四川九寨沟自然保护区、缙云山自然保护区、江西庐山自然保护区。

（5）特有的地质剖面及特殊地貌类型自然保护区。黑龙江五大连池自然保护区（如以保护近期火山遗迹和自然景观为主）；天津蓟县地质剖面自然保护区（保护珍贵地质剖面）；山东临朐山旺万卷生物化石保护区（保护重要化石产地）。

（6）沿海自然环境及自然资源类型自然保护区。如兰阳、苏花海岸等沿海保护区；海南省东寨港保护区和清澜港保护区（保护海涂上特有红树林）。

二、自然保护区管理

自然保护区的审批可分为两级：国家级自然保护区的审批和地方级自然保护区审批。国家级自然保护区由国务院审批，省级保护区由省级人民政府审批。根据"71号文"规定，国家级和省级自然保护区与其他各类自然保护地交叉重叠的，原则上保留国家级和省级。如无明确保护对象、无重要保护价值的省级自然保护区经评估后可转为自然公园。市、县级自然保护区经评估论证后可晋升为省级自然保护区；确实无法实际落地、无明确保护对象、无重要保护价值的，可转为自然公园，或不再保留。

具体的日常管理由自然保护区的管理机构负责，统一管理自然保护区。

1. 自然保护区管理机构职责

自然保护区管理的主要职责是：

（1）坚决贯彻执行国家有关自然保护区的法律、法规和方针、政策；

（2）制定自然保护区管理的各项管理制度；

（3）调查自然保护区内的自然资源并建立档案，组织环境监测，保护自然保护区内的自然环境和自然资源；

（4）组织或者协助有关部门开展自然保护区的科学研究；

（5）自然保护区的宣传教育；

（6）在不影响保护自然保护区的条件下，组织开展参观、旅游等活动。

2. 自然保护区的管护资金来源

《中华人民共和国自然保护区管理条例》规定，自然保护区管理所需经费，由自然保护区所在地的县级以上地方人民政府安排。国家对国家级自然保护区的管理，给予适当的资金补助。

3. 保护区建立的程序

（1）国家级自然保护区。

国家级自然保护区由自然保护区所在的省（区、市）人民政府或者国家林业和草原局提出申请，经国家级自然保护区评审委员会评审后，由国家林业和草原局协调并提出审批建议，报国务院批准。

（2）地方级自然保护区。

地方级自然保护区由自然保护区所在的县（自治县、市、自治州）人民政府或者省级林业与草原局（或林业局）提出申请，经省级林业与草原局（或林业局）评审委员会评审后，由省级林业和草原局（或林业局）协调并提出审批建议，报省（区、市）人民政府批准，并报国家林业和草原局备案。

（3）跨区域自然保护区。

跨两个以上行政区域的自然保护区的建立，由有关行政区域的人民政府协商一致后提出申请，并按照国家级、地方级自然保护区的规定程序，报上一级人民政府审批。

（4）海上自然保护区。

建立海上自然保护区，须经国务院批准。

第五节　自然公园监管

自然公园可分为世界级、国家级和地方级三种，这里仅介绍国家级自然公园。

一、国家级自然公园概述

1. 国家级自然公园

国家级自然公园是指保护重要的自然生态系统、自然遗迹和自然景观，具有生态、旅游、文化和科学价值，可持续利用的区域。设立国家自然公园的目的是，确保森林、海洋、湿地、水域、冰川、草原、生物等珍贵自然资源，以及所承载的景观、地质地貌和文化多样性得到有效保护。国家级自然公园包括 7 类：国家级风景名胜区、国家级森林公园、国家级地质公园、国家级海洋公园、国家级湿地公园、国家级沙漠（石漠）公园和国家级草原公园[①]。其中，国家级风景名胜区按照《风景名胜区条例》管理。

自然公园不同于一般的城市公园。它们的区别在于：

（1）性质不同。自然公园是指保护重要的自然生态系统、自然遗迹和自然景观，具有生态、观赏、文化和科学价值，可持续利用的区域，而城市公园是城市建设的主要内容之一，是城市生态系统、城市景观的重要组成部分。

（2）类型不同。自然公园有 6 种：森林公园、地质公园、海洋公园、湿地公园、草原公园和沙漠（石漠）公园等。而城市公园只有 3

---

① 国家林草原局关于印发《国家级自然公园管理办法（试行）》的通知（林保规〔2023〕4 号），2023 – 10 – 10.

种：综合类、专业类和花园。其中，综合类公园有市级、区级、居住
区级三个级别；专业类公园有动物园、植物园、儿童公园、文化公园、
体育公园、交通公园、陵园等七个类型；花园有综合性花园、专类花
园（如牡丹园、兰圃）等两大类。

（3）设立目的不同。设立自然公园的目的是确保森林、海洋、湿
地、水域、冰川、草原、生物等珍贵自然资源，以及所承载的景观、
地质地貌和文化多样性得到有效保护。而设立城市公园，目的是满足
城市居民的休闲需要，提供休息、游览、锻炼、交往，以及举办各种
集体文化活动的场所。

2. 国家自然公园的设立标准

国家自然公园的设立标准为：

（1）具有典型性。设立国家自然公园，其自然生态系统、自然遗
迹或者自然景观必须在全国或者区域范围内具有典型性，或者具有特
殊的生态、观赏、文化和科学价值。

（2）设立2年以上。地方级自然公园设立两年以上，且规划实施
情况良好。

（3）资源相对集中。国家自然公园必须具有一定的规模和面积，
且资源分布相对集中，与其他自然保护地不存在交叉重叠。

（4）边界清晰。国家自然公园的范围边界清晰，土地、海域及海
岛权属无争议，相关权利人无异议。

（5）有明确的管理单位。

3. 国家自然公园设立的原则

（1）保护优先原则。设立国家自然公园的首要任务是保护，实行
保护优先原则。

（2）生态保护红线原则。国家级自然公园应全部当纳入生态保护
红线，按照生态保护红线管理。

（3）可持续发展的原则。设立国家自然公园，目的是要实现自然
保护区的可持续发展，所以，应该从编制规划开始，根据自然公园的

资源状况，做好自然资源和人文资源的合理利用。

（4）国土生态安全、生物安全等多目标融合原则。统筹安排生态保护、修复、旅游和资源利用的关系，合理布局相关基础设施、服务设施及配套设施建设，精细化管理，实现生态保护、绿色发展、民生改善相统一。

4. 国家自然公园设立的程序

（1）由省级林业和草原局组织审查并征求省级人民政府相关部门意见，报经省级人民政府同意。

（2）省级林业和草原局向国家林业和草原局提出书面申请。

（3）国家林业和草原局组织专家实地考察或者征求有关中央和国家机关意见。

（4）国家林业和草原局组织国家级自然公园评审委员会专家进行评审，把评审结果抄送有关省级人民政府。

5. 国家自然公园

（1）地质公园。

①地质公园。

地质公园是指以地质遗迹景观为主体，融合其他自然景观与人文景观而构成的一种特殊的自然区域。这里的地质遗迹景观具有特殊地质科学意义、稀有的自然属性、较高的美学观赏价值，有一定规模和分布范围的特点。

②地质公园类型。

地质公园有七大类：地质体或地层剖面大类、地质构造大类、古生物大类、矿物与矿床大类、地貌景观大类、水体景观大类、环境地质遗迹大类。

③地质公园状况。

按照审批机构级别划分，地质公园有世界级地质公园（俗称世界地质公园）、国家级地质公园（俗称国家地质公园）和省级地质公园。到2024年4月为止，中国有47个世界地质公园（同时也是国家地质公园，因为，只有国家级地质公园才能申报世界地质公园）；截至 2020 年 12 月，国家地质公园 281 个。

（2）森林公园。

森林公园是指面积较大，具有一至多个生态系统和独特的森林自然景观的区域。建立森林公园的目的是保护公园范围内的一切自然资源和自然环境，为人们游憩、疗养、避暑、文化娱乐和科学研究提供良好的环境。森林公园可分为国家级、省级和市县级，国家森林公园是最高等级的森林公园。

到 2019 年，中国有 3594 处森林公园，其中国家级森林公园 894 处。

（3）湿地公园。

湿地公园是指以良好湿地生态环境和多样化湿地景观资源为基础，以湿地的科普、保护、利用和湿地文化为主题的公园。

湿地被称为地球之肾，具有保护生物多样性、调节大气、净化水质、调节径流、提供食物及工业原料等作用。湿地公园与湿地自然保护区、保护小区、湿地野生动植物保护栖息地以及湿地多用途管理区等共同构成了湿地保护管理体系，对改善区域生态状况，促进经济社会可持续发展，实现人与自然和谐共处都具有十分重要的意义。

截至 2024 年 2 月，全国共建立 903 处国家湿地公园，总面积达 360 万公顷。其中，国际重要湿地 82 处，国家重要湿地 58 处。

（4）国家级海洋公园。

国家级海洋公园是由国家颁布的，旨在保护滨海、海岛、海洋生态系统的生态多样性的区域。国家级海洋公园能有效发挥生态效益、社会效益和经济效益。

自 2011 年首批国家级海洋公园批复以来，目前共有六批 46 个国家级海洋公园。

二、国家级自然公园的管理

1. 国家级自然公园的日常管理

根据《国家级自然公园管理办法（试行）》规定，国家级自然公园的管理，以规划为中心，以国家自然公园管理机构为主。

（1）国家级自然公园规划是国家级自然公园保护、管理、利用和监督的基本依据。

（2）国家级自然公园管理机构负责日常管理。

（3）分区管理。国家自然公园按照一般控制区管理，规划时根据资源禀赋、功能定位和利用强度划分为生态保育区和合理利用区，实行分区管理。

2. 国家级自然公园的动态管理

国家级自然公园管理机构实行全方位的动态管理。一是国家级自然公园规划应当纳入国土空间规划"一张图"，统一监管。二是加强"天空地一体化"监测能力建设。完善监测设施装备，科学布局监测站点，实现动态监测和智慧管理。三是加强对相关活动和设施建设的监督。四是建立巡护制度。设立巡护站点，配备专职人员，定期组织巡护，同时，采用电子化、信息化手段，加强动态监测。

主要参考文献

[1] 王旭东.资源环境约束条件下的区域技术创新研究 [D].青岛：中国海洋大学, 2005.

[2] 李亚.基于资源开发的综合运输体系需求分析 [J].物流技术, 2011, 30 (12) 31 - 33.

[3] 肖航.社会主义和谐社会构建下的草原文化建设 [D].齐齐哈尔：齐齐哈尔大学, 2013.

[4] 吴文盛.产业结构调整的"五只手"理论 [J].华东经济管理, 2010, 24 (2)：142 - 144.

[5] 马克思恩格斯选集（第三卷）[M].北京：人民出版社, 1995：374 - 375.

[6] 污染问题必须解决（1974 年 8 月 26 日）[M]//邓小平文集（1949 - 1974 年）（下卷），北京：人民出版社, 2014.

[7] 杨时民：习近平生态文明思想的践行与感悟 [EB/OL].(2024 - 01 - 16) [2024 - 10 - 24]. http：//www. 71. cn/2024/0116/1219471. shtml.

[8] 腾宇.墨家环境伦理思想及其现代意义 [D].哈尔滨：哈尔滨工业大学, 2015.

[9] 郑洪辉, 王力.中国式现代化生态向度：理论基础、历史演进与现实回应 [J].西安建筑科技大学学报（社会科学版）, 2023, 42 (6)：48 - 56.

[10] 董仁才，孙晓萌，韩林桅，等. 基于景感生态学促进生态产品价值实现的方法 [J]. 生态学报，2023，43（18）：7660 - 7669.

[11] 邱耕田. 生态消费与可持续发展 [J]. 自然辩证法研究，1999，15（7）：50 - 52.

[12] 张蓝予. 生态文明视域下"人类命运共同体"构建 [J]. 马克思主义学刊，2018（1）：86 - 90.

[13] 中国社会科学院语言研究所词典编辑室. 现代汉语小词典 [M]. 北京：商务印书馆，1983：540.

[14] 赵理文. 制度、体制、机制的区分及其对改革开放的方法论意义 [J]. 中共中央党校学报，2009（5）：17 - 21.

[15] 中办国办印发《全民所有自然资源资产所有权委托代理机制试点方案》[EB/OL].（2022 - 3 - 18）[2024 - 10 - 23]. 人民网.

[16] 自然资源部网站、国家发展与改革委网站、生态与环境部网站、应急管理部网站、水利部网站、农业农村部网站、交通运输部网站。

[17] 吴文盛. 中国矿业管制体制研究 [M]. 北京：经济科学出版社，2011.

[18] 韩志国. 产权交易：中国走向市场经济的催化剂 [J]. 改革，1994（4）：34 - 42.

[19] 王克稳. 自然资源国家所有权的性质反思与制度重构 [J]. 中外法学，2019，31（3）：626 - 647.

[20] 谷树忠. 关于自然资源资产产权制度建设的思考 [J]. 中国土地，2019（6）：4 - 7.

[21] 席志国. 自然资源国家所有权属性及其实现机制——以自然资源确权登记为视角 [J]. 中共中央党校（国家行政学院）学报，2020，24（5）：122 - 128.

[22] 邓岩，熊小琼. 民法原理与实务 [M]. 广州：暨南大学出版社，2013.

［23］黄鹏飞，吴志红．论我国租船经纪人的法律地位［J］．集美大学学报（哲学社会科学版），2008，11（1）：56－60.

［24］自然保护地，（2019－04－02）［2024－10－09］．https：//baike.so.com/doc/30073400－31693883.html.

［25］张帆，宣鑫，李晨晨，蔡颖，武健伟．全民所有自然资源资产委托代理初探——机制解析、模式总结与考核评价［J］．中国国土资源经济，2023，36（10）：35－44.

［26］唐文倩．构建国有自然资源资产化管理新模式［J］．工作研究，2017，741：32－34.

［27］国务院第三次全国国土调查领导小组办公室、自然资源部、国家统计局．第三次全国国土调查主要数据公报［N］．人民日报，2021－8－27.

［28］2022年中国水资源公报，（2023－6－30）［2024－6－12］．http：//www.mwr.gov.cn/sj/tjgb/szygb/202306/t20230630_1672556.html.

［29］2023年中国自然资源统计公报，（2024－2－29）［2024－6－12］．https：//gi.mnr.gov.cn/202402/t20240229_2838490.html.

［30］中国现有森林资源的特点［EB/OL］．［2024－2－7］．https：//www.docin.com/p－266191266.html.

［31］我国现有天然林资源占全国森林面积的64%［EB/OL］．（2021－2－23）［2024－2－7］．http：//www.wood168.net/src/newsdetail.asp？this＝54059.

［32］2022年中国自然资源统计公报，（2023－4－12）［2024－6－12］．https：//www.mnr.gov.cn/sj/tjgb/202304/P020230412557301980490.pdf.

［33］国务院关于印发全国主体功能区规划的通知（国发〔2010〕46号），（2010－12－21）［2024－2－24］．https：//baike.so.com/doc/8217574－8534562.html.

［34］何谓国土空间用途管制？［EB/OL］．（2021－02－19）

[2024 - 3 - 09]. https：//www. sohu. com/a/451545189_275005.

［35］首部全国国土空间规划纲要编制完成［EB/OL］.（2022 - 09 - 22）［2024 - 3 - 10］. https：//www. toutiao. com/article/71461968829839 11943/？log_from = 1cf8f513 a660c_1663893850306&wid = 1710058495577.

［36］国土空间规划［EB/OL］.［2024 - 3 - 10］. https：//baike. so. com/doc/30472447 - 32113440. html.

［37］中共中央 国务院关于建立国土空间规划体系并监督实施的若干意见［N］. 人民日报，2019 年 5 月 24 日 01 版.

［38］位欣. 基于省—市县两级事权的城镇开发边界划定与管控［J］. 城乡建设，2019（23）：23 - 25.

［39］汤小俊. 18 亿亩耕地底线能守住吗？［J］. 中国国土，2007（2）：6 - 11.

［40］18 亿亩红线［EB/OL］.［2024 - 2 - 20］. https：//baike. so. com/doc/933984 - 987219. html.

［41］永久基本农田［EB/OL］.［2024 - 2 - 21］. https：//baike. so. com/doc/30515368 - 32315418. html.

［42］吴文盛，李小英. 矿产资源开发与生态环境恢复治理［J］. 中国矿业，2021，30（2）：21 - 24.

［43］吴文盛，高荣杰，周吉光. 基于供给侧的矿产资源宏观调控政策体系［J］. 中国国土资源经济，2016（3）：9 - 14.

［44］汪鹏，王翘楚，韩茹茹，汤林彬，刘昱，蔡闻佳，陈伟强. 全球关键金属 - 低碳能源关联研究综述及其启示［J］. 资源科学，2021，43（4）：669 - 681.

［45］吴文盛，王琳，宋泽峰，周吉光. 新时期我国矿产资源开发与生态环境保护矛盾的探讨［J］. 中国矿业，2020，29（3）：6 - 10.

［46］吴文盛，史丽薇，张举钢. 矿产资源宏观调控政策微观化探析［J］. 资源与产业，2015（2）：135 - 139.

［47］新中国成立 60 周年·兴修水利：夯实发展根基［EB/OL］.

（2009－09－09）［2024－10－04］. http：//www. chinawater. com. cn/zt-gz/xwzt/09gq60/cj/200909/t20090909_135693. htm.

［48］2022 年水利发展公报［EB/OL］.（2023－12－31）［2024－2－18］. http：//www. mwr. gov. cn/sj/#tjgb.

［49］新华社. 南水北调：2023 年着力推进后续工程规划建设［EB/OL］.（2023－01－13）［2024－1－16］. https：//www. gov. cn/xinwen/2023－01/13/content_5736574. htm.

［50］班娟娟. 国家层面首个水安全保障五年规划出炉［N］. 经济参考报，2022－1－12.

［51］植树节［EB/OL］.［2024－10－01］. https：//baike. baidu. com/item/%E6%A4%8D%E6%A0%91%E8%8A%82/419569? fr＝ge_ala.

［52］3 月 12 日植树节的生态意义，我们为什么要植树？［EB/OL］.（2021－3－19）［2024－2－16］. http：//www. isenlin. cn/sf_9DFD2B33D66845B294C7CE0D72B75 C51_209_1DFBE4A7290. html.

［53］李丰. 浅谈杨树栽植和管理中存在的问题和解决办法［J］. 吉林农业，2012（8）：180.

［54］三北和长江中下游地区等重点防护林建设工程概况［EB/OL］.（2017－9－4）［2024－2－15］. https：//wenku. so. com/d/36ae84922c85c10b8ce6bc18ba7f9084.

［55］喻思南. 国新办：三北工程区生态环境明显改善［EB/OL］.（2018－12－25）［2024－10－4］. http：//politics. people. com. cn/n1/2018/1225/c1001－30485481. html.

［56］三北及长江中下游地区重点防护林体系建设工程概况［EB/OL］.（2020－3－23）［2024－5－15］. https：//wenku. so. com/d/94ddb53b3642fcf23c5bc57c1954dc9d.

［57］天然林保护工程［EB/OL］.［2024－4－20］. https：//baike. so. com/doc/6238156－6451523. html.

［58］推行林长制具有什么重大意义？［EB/OL］.（2021－01－

14）［2024－2－15］. https：//www. forestry. gov. cn/c/www/xzsl/45538. jhtml.

［59］林长制的探索实践是怎样发源的？［EB/OL］.（2021－01－14）［2024－2－15］. https：//www. forestry. gov. cn/c/www/xzsl/45968. jhtml.

［60］安徽省财政厅办公室. 省委省政府出台建立林长制的意见［J］. 安徽林业科技，2017，43（5）：17－17.

［61］吴林红. 省委办公厅省政府办公厅印发《关于推深做实林长制改革优化林业发展环境的意见》［N］. 安徽日报，2018－05－14.

［62］两部委发布我国 14 个海洋经济发展示范区名单及任务［EB/OL］.（2018－12－03）［2024－6－15］. https：//www. sohu. com/a/279293540_237762.

［63］何谓国土空间用途管制？［EB/OL］.（2021－02－19）［2024－03－10］. http：//zgj. ningbo. gov. cn/art/2021/2/19/art_122904 6777_58929452. html.

［64］王玲. 现行环境影响评价内容的缺憾与改善的途径［J］. 环境与发展，2011，23（7）：236－237.

［65］安全生产法，（2014－07－29）［2024－06－04］. https：//www. mem. gov. cn/fw/flfgbz/fg/201407/t20140729_233082. shtml.

［66］吴文盛，对矿产资源权益金制度改革的思考［J］. 中国矿业，2017，26（9）：16－20.

［67］国务院关于全面整顿和规范矿产资源开发秩序的通知（国发〔2005〕28 号）［EB/OL］.（2005－10－10）［2024－06－12］. https：//g. mnr. gov. cn/201701/t20170123_1427860. html.

［68］矿山地质环境保护规定，（2019－7－24）［2024－2－23］. https：//baike. so. com/doc/2140344－2264628. html.

［69］中共中央办公厅 国务院办公厅印发《关于全面推行河长制的意见》，（2016－12－11）［2024－06－13］. https：//www. gov. cn/zhengce/

2016 – 12/11/content_5146628. htm.

［70］中共中央办公厅 国务院办公厅印发《关于在湖泊实施湖长制的指导意见》（国务院 2018 年第 2 号公告），（2018 – 01 – 04）［2024 – 06 – 13］. https：//www. gov. cn/zhengce/2018 – 01/04/content_5253253. htm.

［71］盖宇静. 新时代自然资源资产管理体制的困境及克服对策研究［J］. 赤峰学院学报（文化哲学社会科学版），2020，41（2）：47 – 50.

［72］国务院办公厅关于加强草原保护修复的若干意见［J］. 内蒙古林业，2021（8）：27 – 29.

［73］自然资源部职能配置、内设机构和人员编制规定［N］. 中国自然资源报，2018 – 9 – 12.

［74］国家林草原局关于印发《国家级自然公园管理办法（试行)》的通知（林保规〔2023〕4 号），2023 – 10 – 10.

［75］中共中央办公厅 国务院办公厅印发《关于建立以国家公园为主体的自然保护地体系的指导意见》［EB/OL］. （2019 – 6 – 26）［2024 – 6 – 12］. https：//www. gov. cn/gongbao/content/2019/content_540 7657. htm.

［76］《2022 年中国统计年鉴》《2022 年中国海洋经济统计公报》《中华人民共和国资源税法》.

［77］国家林业和草原局网站、农业农村部网站、交通运输部网站、中华人民共和国海事局（交通部海事局）网站、福建省网站、浙江省网站、天津市网站、漳州市网站.